32322

TACTIQUE

DE LA CAVALERIE.

STRASBOURG,

De l'imprimerie de F. G. **Levrault**, imprimeur du Roi.

TACTIQUE
DE LA CAVALERIE.

PAR LE C.ᵀᴱ DE BISMARK,

Colonel du 3.ᵉ régiment de cavalerie wurtembergeoise, Commandant de brigade ;
Aide-de-camp de S. M. le Roi de Wurtemberg ; Commandeur de l'ordre
royal du mérite militaire de Wurtemberg, décoré de la médaille d'honneur
militaire en or de 1.ʳᵉ classe ; Chevalier de l'ordre russe de S. George,
4.ᵉ classe, de celui de Sainte-Anne, 2.ᵉ classe, et de l'ordre impérial
autrichien de Léopold ; Officier de l'ordre royal de la Légion d'honneur, etc.

SUIVIE

D'ÉLÉMENS DE MANŒUVRES

POUR UN RÉGIMENT DE CAVALERIE.

TRADUIT DE L'ALLEMAND, SUR LA 2.ᵉ ÉDITION REVUE ET CORRIGÉE,

PAR

MAX. J. DE SCHAUENBURG,

Chef d'escadron aux Chasseurs de la Marne, Officier de l'ordre royal
de la Légion d'honneur.

PARIS,

Chez F. G. LEVRAULT, rue des Fossés M. le Prince, N.° 33 ;
et rue des Juifs, N.° 33, à STRASBOURG.

1821.

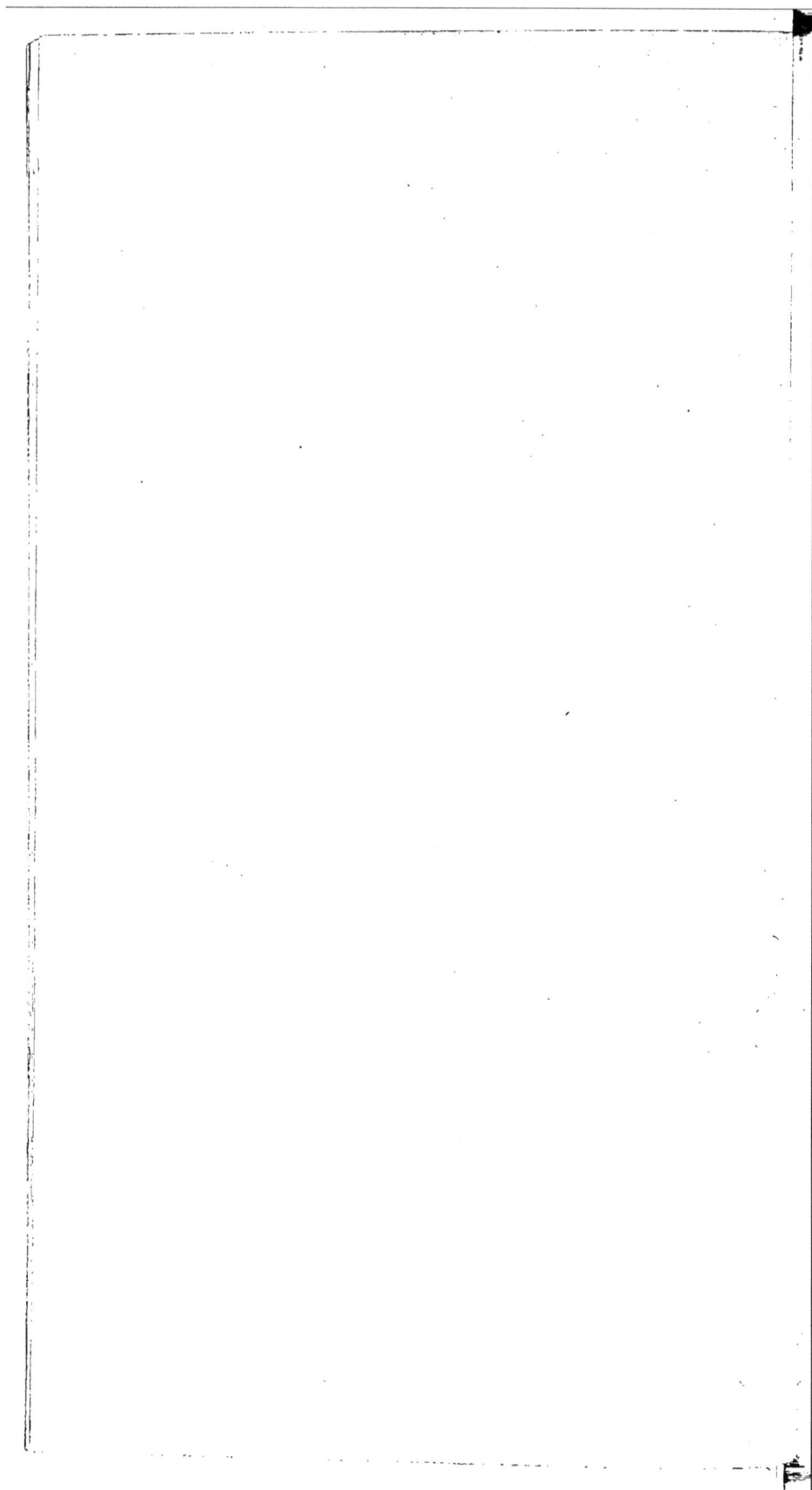

AVIS DU TRADUCTEUR.

LES principes solides et vraiment militaires dans lesquels cet ouvrage est écrit,
les maximes utiles qu'il renferme, mais
surtout le véritable point de vue sous
lequel l'auteur envisage la cavalerie et ses
fonctions à la guerre, m'ont déterminé à
en entreprendre la traduction.

Le désir d'être utile moi-même à ceux
de mes compagnons d'armes qui se vouent
à l'étude du métier, me décide à la livrer
à l'impression.

Je ne lui crois et je n'ai cherché à lui
donner d'autre mérite que celui de l'exactitude : qu'ils la reçoivent avec indul-
gence, et je m'estimerai trop heureux
d'avoir pu leur rendre un aussi faible
service.

Les officiers de cavalerie verront que
l'auteur a su développer avec un grand
talent le mécanisme de cette arme qui,

chez nous, semble tomber en désuétude et ne plus tenir le rang que devrait lui assurer le rôle brillant qu'elle est appelée à jouer à la guerre.

Dans quelques endroits j'ai cru de mon devoir de redresser (dans des notes) des faits rapportés par l'auteur, et cités comme exemples, mais que l'amour-propre national et la rivalité de gloire l'ont porté à dénaturer : dans d'autres notes, j'ai cru pouvoir hasarder des idées opposées aux siennes.

TABLE.

TACTIQUE DE LA CAVALERIE.

ÉLÉMENS DE MANŒUVRES.

ARTICLE I.er

Formation des colonnes en ligne.

Article II.

Mouvemens en ligne.

Article III.

Rompre ; formation de colonnes.

TACTIQUE
DE LA CAVALERIE.

CHAPITRE PREMIER.

Tactique. — Stratégie. — Définition.

On aime à s'entretenir et à raisonner de tactique, de stratégie, et en général de l'art de commander les armées. Cependant le jeune officier, qui n'a pas les connaissances préliminaires pour comprendre ces entretiens, y puise des idées fausses ou confuses.

Deux qualités sont surtout nécessaires à un bon chef d'armée : l'une peut s'acquérir par les études, l'autre est le don de la nature. Celle-là pourrait être appelée la partie scientifique ou mathématique; celle-ci la partie morale, dépendant uniquement d'un jugement sain ou d'une conception régulière.

Cette différence n'est pas moins grande que

celle qui existe entre la théorie et la pratique. La possession d'une seule de ces qualités ne peut jamais conduire à une grande perfection ; il faut que les deux parties que nous venons de distinguer, se réunissent dans un chef d'armée pour en faire un militaire parfait.

Les plus grands capitaines ont cultivé les sciences ; César, Turenne, Montécuculi, Frédéric II et beaucoup d'autres ont même laissé des écrits sur l'art de la guerre.

On a remarqué que les plus grands généraux qui ont traité la matière qui nous occupe, sont entrés dans les moindres détails du service, et que des hommes qui n'ont jamais commandé une compagnie, ont écrit sur la haute stratégie et ont conçu des projets d'organisation d'armées entières ; on en vit même qui du fond de leur cabinet puisèrent dans les bulletins d'armée de quoi composer l'histoire critique d'une guerre.

Les principes mathématiques ou la théorie de la guerre doivent être appris et développés pour servir de base ou de norme. Mais le talent de pratiquer à la tête d'une armée ce que la partie théorique de la science de la guerre nous enseigne, est plus qu'une science ; c'est ce grand art que Théobald appelle le *sublime de l'art de la guerre.*

La partialité entreprend souvent d'écrire l'histoire d'une guerre sans y avoir assisté et sans en posséder les pièces authentiques. Cependant que de détails difficiles à apprendre sont indispensables pour écrire l'histoire d'une guerre ! Le général obéit à l'intendant d'armée. Les résolutions du général en chef sont souvent entravées par le despotisme des bureaux. Les observateurs éloignés du théâtre de la guerre, ignorant les difficultés sans nombre que le général doit vaincre, sont toujours portés à le blâmer, parce qu'il n'alimente pas l'intérêt qu'ils prennent aux événemens de la guerre par des mouvemens rapides, et qu'il ne fait pas succéder sans cesse des batailles aux combats. Des pluies survenues, des chemins abymés, changent souvent, dans quelques jours, le moral du soldat, au point qu'on ne le prendrait plus pour le même homme. Si les troupes, exposées à toutes les intempéries de l'air, marchent de jour dans les marais et passent les nuits froides sur la terre humide, couvertes de haillons, sans souliers, pâles et défigurées ; si les chevaux sont déferrés et sans fourrage ; si les hommes sont dévorés par la faim, parce que les caissons se sont embourbés : toutes ces difficultés contre lesquelles une armée est obligée de lutter, ralentissent ses opérations ; mais elles ne parviennent guère jùsqu'à l'observateur éloigné, parce que la prudence exige que la véritable situation de l'armée ne soit pas connue ni publiée par les bulletins.

Il est facile de juger des événemens d'après les succès, et c'est ainsi qu'ils sont jugés le plus souvent. [1]

Il est plus difficile d'apprécier sur place les cas critiques dans lesquels une armée peut se trouver, de concevoir un plan pour la sauver, et de l'exécuter avec force et célérité.

Aucun art n'exige autant de dons de la nature que l'art de la guerre. Ici l'esprit et le corps agissent conjointement ; tous les deux doivent être sains et robustes. Le talent de saisir exactement d'un coup d'œil les avantages et les désavantages qu'offrent le terrain et les troupes, ce talent est le caractère distinctif du guerrier que la nature s'est plu à former.

---

[1] Voltaire dit : « Un général victorieux n'a point fait de fautes aux yeux du public, de même que le général battu a toujours tort, quelque sage conduite qu'il ait tenue.» Et Frédéric le Grand s'exprime ainsi sur le même sujet : « Il n'y a que la fortune qui décide de la renommée d'un homme; celui qui en est favorisé est applaudi, celui qu'elle abandonne est blâmé. » (*Note de l'auteur.*)

Ce coup d'œil qui embrasse tout, qui voit d'une manière juste et prompte les avantages d'une position, qui prévoit les événemens inattendus dans les changemens orageux de la fortune ou *du calcul,* et qui ensuite, soit par la fermeté de ses résolutions arrache à la fortune ce qu'elle lui refuse, soit par son *astuce* et sa prudence se tire d'une situation dangereuse, voilà ce qui ne peut être enseigné ni réduit dans des formules générales, ni dessiné sur l'ardoise : c'est là *le génie militaire.*

Il faut que le génie soit cultivé. Il ne serait qu'un heureux talent sans la réflexion et l'expérience; il faut l'enrichir et le rectifier par la science.

La tactique est l'art de placer et de mouvoir avec avantage les troupes pour le combat. Les positions et les mouvemens simples de troupes se nomment *évolutions;* les *manœuvres* se composent de plusieurs évolutions; et l'art d'appliquer les manœuvres aux opérations de guerre, afin d'atteindre le but projeté, se nomme *tactique.*

La *stratégie* est la science de former et de concevoir un plan de campagne.

La tactique est l'*art* de la guerre; la stratégie en est la *science.*

La science, comme production de l'esprit, ne s'acquiert que par l'étude : l'art veut un talent inné, qui, à la vérité, peut et doit être cultivé, mais qui jamais ne peut être acquis par celui qui n'y a point de dispositions naturelles, aussi peu que celui qui n'a pas l'oreille juste ne peut devenir bon musicien. Cela est évident, et l'expérience prouve que des officiers très-instruits et qui conçoivent d'excellens plans de guerre, ne sont pas en état de faire agir et de disposer leurs troupes sur le champ de bataille. Il est même des officiers supérieurs qui ne savent faire mouvoir un escadron sur une place d'armes, comme il y a au contraire de simples capitaines qui, au jour du combat, conduisent avec une rare intelligence leurs soldats à la victoire et qui ne sont pas en état de tracer un plan de campagne.

Par ces observations la ligne de démarcation entre la tactique et la stratégie devient de plus en plus sensible. La stratégie n'est que la conception, la tactique est l'exécution même des opérations de guerre.

La tactique ou l'art de la guerre exige de grandes dispositions naturelles ; la stratégie ou la science de la guerre demande un esprit juste et pénétrant.

Le tacticien a besoin de longues expériences ;
s'il n'y a que la guerre qui puisse le former,
en temps de paix les camps d'exercices et les
manœuvres d'automne sont ses écoles : le *stra-
tègue* peut continuer ses études dans son cabinet dans toutes les saisons : car la tactique est l'art
de commander les troupes ; la stratégie, la science
de former le plan des opérations de guerre. [1]

Un général qui réunit l'art à la science, a
atteint l'idéal d'un guerrier parfait.

Si l'esprit humain produit des ouvrages qui
tombent sous les sens ; si cette production se
fait par une force inventrice ou créatrice innée
et non au moyen de raisonnemens et de jugemens, et si on peut déduire de ces ouvrages
des principes généraux et les présenter dans un
ordre systématique, nous appelons cela *art :*
mais si, au moyen des facultés intellectuelles,
nous déduisons ou nous présentons un système
de vérités établi par des combinaisons justes
sur les principes les plus simples et les plus
incontestables, nous donnons à cet ensemble
le nom de *science.*

L'art s'altère, ou se renouvelle aussi souvent
que les élémens mêmes dont il naît. La musique,

---

[1] Principes de stratégie, chap. I.er, page 2.

la peinture, la sculpture, changent à proportion des progrès qu'elles font.

Tout ce qui tient à la science est absolu et évident *à priori;* elle est par elle-même, elle est invariable.

Les Élémens de géométrie d'Euclide sont encore, après des milliers d'années, des principes à suivre.

Cette définition de l'art et de la science explique en même temps l'art de la guerre (la tactique) et la science de la guerre (la stratégie); elle doit simplifier les idées et donner de la clarté à ce qui suit.

La tactique éprouve des changemens à chaque système qu'amène une nouvelle guerre, tandis que les principes scientifiques de la stratégie ne varient jamais.

Le but qu'on se propose en combattant est toujours le même; mais la manière de combattre subit des variations.

La tactique des anciens consistait dans l'impulsion et le choc. L'invincible phalange macédonienne finit par céder à la tactique romaine. Le perfectionnement des armes à feu fit abandonner l'ordre profond. L'artillerie a fait changer les murailles en remparts, et l'invention de battre à ricochets, y a fait ajouter les traverses.

Les guerres de la révolution française forment la *septième* période de l'art de la guerre, depuis l'invention de la poudre à canon. Il est à présumer que cette période ne sera pas la dernière.

La stratégie, contenant des principes reconnus, indique, sur chaque théâtre de la guerre, les points et les lignes qui sont à occuper dans une guerre défensive, et ceux à atteindre dans l'offensive. Il est au-dessus du pouvoir du général de changer ces points et ces lignes stratégiques. Tout général qui s'en écarte succombe sous celui qui s'y conforme; et le contraire n'a lieu qu'au cas où un général peut quitter sa ligne d'opération avec une supériorité de forces tellement décisive que les règles de la défensive de son adversaire deviennent inapplicables. Si l'un des deux dispose d'une pareille supériorité de forces, il peut marcher sans danger par le chemin le plus court au dernier but de ses opérations et y dicter la paix; aucune forteresse, aucune armée ne l'arrêtera dans sa marche colossale, et il ne peut être vaincu que par une guerre nationale.

Il est curieux de voir combien on s'est donné de peine pour établir et pour fixer la ligne de démarcation entre la tactique et la stratégie. On eut des manœuvres stratégiques et des manœuvres tactiques: on appela même opérations stra-

tégiques toutes celles qui sont exécutées hors de
la portée du canon ou hors de la vue de l'ennemi ;
et opérations tactiques, celles qui ont lieu à
portée de canon et en présence de l'ennemi. On
alla plus loin : on dit que la tactique enseigne
ceux des mouvemens d'une armée qui ont pour
but un combat réel, et que la stratégie, au contraire, comprend les mouvemens qui se rédui-
sent à de simples évolutions. On a même dis-
tingué la tactique de l'art de la guerre, tandis
que ce n'est qu'un seul et même art.

Enfin, on a rejeté l'expression de stratégie
comme impropre (dérivée du mot grec *straté-
gos*, qui signifie général en chef ou général
d'armée), et l'on s'est servi des mots *grande*
et *petite tactique*.

D'après Bulow, chaque mouvement d'armée
nécessité par la présence de l'ennemi est une
opération de guerre. Cependant elle ne peut
être envisagée comme telle qu'autant qu'elle a
été commencée et exécutée suivant les principes
de la stratégie et de la tactique : ou, en d'autres
termes, ces mouvemens ne peuvent être appelés
des opérations de guerre, si l'on n'a pas choisi
stratégiquement le but à atteindre et sa ligne
d'opération de manière à empêcher l'ennemi
de vous prévenir sur aucun point ; si l'on n'a

pas pris toutes les précautions nécessaires de sûreté, et qu'on n'ait pas suivi les règles de la tactique dans le mouvement et le placement des troupes, soit pour les former en bataille, soit pour camper ou cantonner; enfin, si on ne s'est pas tenu prêt à combattre à chaque moment avec avantage.

Donc chaque opération de guerre, ou chaque manœuvre, doit se baser sur les principes de la stratégie et s'exécuter d'après l'art que nous enseigne la tactique.

La stratégie conçoit non-seulement des plans de campagne et toute opération de guerre, mais elle désigne encore les points et les lignes décisives dont il faut se rendre maître pour atteindre son but. La tactique, de son côté, nous enseigne par quelles positions, par quels mouvemens et par quels combats peuvent s'exécuter les conceptions stratégiques. Dès qu'un général néglige l'application des principes de stratégie, on le voit livrer des batailles sans autre but que d'ajouter une nouvelle victoire à sa réputation militaire.

L'histoire nous offre des campagnes entières pendant lesquelles on s'est livré plusieurs batailles sanglantes sans obtenir de résultat important, parce que ces batailles n'eurent pas lieu sur des points stratégiques.

Tant sous le rapport de la stratégie que sous celui de la tactique, chaque opération de guerre se divise en trois parties.

Les trois parties de la stratégie sont : le *sujet* ou la *base* de l'opération, l'*objet* et la *ligne* de l'opération.

Les trois parties de la tactique sont : la *position*, le *mouvement* et le *combat*.

Par *sujet* ou *base* d'opérations l'on entend les points stratégiques qui communiquent ensemble par des lignes assurées (des routes). Ces points (sujets) doivent être fortifiés, afin de faciliter le rassemblement de tout ce qui est nécessaire à la guerre, et le mettre en sûreté contre les entreprises de l'ennemi.

Une armée est sur la *défensive*, si elle se borne à l'occupation de ces points ; celle, au contraire, qui part de ces points stratégiques pour s'emparer d'autres points, opère *offensivement*. Ces points qu'on s'efforce d'atteindre en attaquant, se nomment *points objectifs d'opérations*, et les lignes (routes) du point de départ aux points objectifs, *lignes d'opérations*.

On suppose les points stratégiques *a, b, c, d,* occupés par une armée sur la défensive, mais qui de cette position veut prendre l'offensive. Dans le premier cas, ces points, qui communiquent ensemble par la ligne *A B*, deviennent la *ligne de défense*; dans le second cas ils deviennent la *base de l'opération* : si maintenant on veut prendre l'offensive sur le point objectif d'opération *C*, les lignes *aC*, *bC*, *cC* et *dC* deviennent les *lignes d'opération.*

(*Pl. I.*)

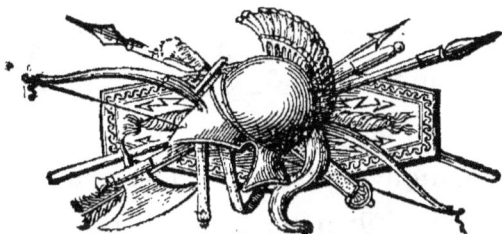

CHAPITRE II.

Caractère distinctif de la cavalerie.

Trois sortes de qualités constituent le bon militaire ; ce sont,

1.° *Les qualités physiques* : le guerrier doit être à la force de l'âge viril, bien vêtu, et pourvu de tout ce qui est nécessaire à l'attaque et à la défense.

2.° *Les qualités morales* : le guerrier doit être courageux et brave au combat.

3.° *Les qualités intellectuelles* : il doit posséder le talent et le génie de l'exécution.

La force physique est pour ainsi dire le corps de l'organisation militaire ; la force morale en est le sentiment, comme la force intellectuelle en est l'esprit.

La culture égale des trois qualités donne un tout et forme une armée.

Les trois qualités sont nécessaires à cet ensemble : deux sons de musique ne fournissent pas un accord. Si l'une des trois qualités manque, le tout est imparfait et vicieux.

Chaque armée se compose de trois espèces de troupes différentes, d'artillerie, de cavalerie

et d'infanterie. Chaque espèce de troupes forme
un tout à part; chacune d'entre elles a son caractère distinctif.

Sur le champ de bataille l'artilleur n'est guidé
que par l'art qu'il exerce. L'infanterie, suivant
son devoir, combat avec calme et réflexion,
tandis que la cavalerie, emportée par son exaltation, manœuvre avec une téméraire impétuosité.

Ces développemens indiquent les qualités que
doivent posséder les chefs de ces différentes espèces de troupes.

La plupart des peuples de l'antiquité ont donné
une attention particulière à la cavalerie, et dans
l'enfance de la guerre, ou, pour mieux dire,
aussi long-temps que les armes blanches, la
force du corps, l'adresse et la valeur personnelle donnèrent la victoire, ce fut presque
toujours la cavalerie qui décida des batailles.
Mais il est déjà psychologiquement prouvé que
ce feu de la jeunesse qui personnifie la cavalerie
d'une manière si ingénieuse, se perd, particulièrement depuis qu'on s'est écarté de la méthode, profondément raisonnée, des anciens, de
ne donner le commandement de cette arme
qu'à un homme dans la force de la jeunesse,
doué d'un haut talent et d'un caractère vraiment
belliqueux.

Chez les anciens, le commandement de la cavalerie appartenait au second chef de l'armée. Un génie brillant élevait seul à ce poste, considéré comme l'école du général en chef. Annibal commanda la cavalerie dans l'armée de son père, et, lorsqu'il fut parvenu au commandement en chef, il confia sa cavalerie à son frère Asdrubal.

Les plus grands capitaines de nos jours ont été forcés de reconnaître cette vérité. Seidlitz, dans sa trentième année, fut choisi, par son souverain, pour commander la cavalerie. Napoléon reconnut et suivit cette maxime ; mais il fut moins heureux dans son choix, car Murat fut plutôt un sabreur téméraire qu'un général en chef.

Pour l'attaque il faut plus d'énergie et plus de cette force de jeunesse [1] qu'il n'en faut pour la défense. Celle-ci n'est souvent commandée que par le danger.

L'homme est facilement porté à se défendre,

---

1 Par force de jeunesse, on entend ici cette force de volonté qui, à tout âge, est particulière au caractère vraiment guerrier. Il est des vieillards qui, à soixante ans, possèdent tout le feu de leur jeunesse, et des hommes qui l'ont perdu à vingt ans. (*Note de l'auteur.*)

tandis que l'attaque exige toujours de l'énergie. L'attaque suppose donc plus de confiance en soi-même que la défense, et nous savons que cette confiance est plus particulièrement propre à la jeunesse.

Le caractère essentiel de la cavalerie s'annonce dans l'attaque, même dans une position défensive; elle ne peut résister à l'attaque d'un ennemi qu'en le prévenant. [1]

Comme c'est principalement en cela que repose le caractère distinctif de cette arme, on voit sans peine pourquoi elle possède si rarement des chefs distingués, surtout dans ces armées où le hasard et l'ancienneté donnent des généraux à la cavalerie.

---

1 Rien de plus vrai que ce principe. L'expérience nous a prouvé, jusqu'à l'évidence, que toute cavalerie, quelque bonne, quelque disciplinée qu'elle puisse être, est toujours enfoncée par un ennemi même inférieur en nombre, lorsqu'elle attend une charge de pied ferme. Quelques chefs font, au moment de recevoir la charge, exécuter un feu de carabine au premier rang, ce qui augmente le désordre et la confusion en faisant reculer les chevaux. Il est vrai que j'ai vu arrêter, par ce moyen, quelques tentatives de Cosaques; mais, je le répète, il est bien dangereux d'en faire usage vis-à-vis d'une troupe de cavalerie qui attaque avec ordre et détermination. (*Note du traducteur.*)

Sans un chef hardi, la cavalerie ne verra point consigner ses hauts faits dans les annales de l'histoire.

Le général d'armée qui ne partage pas cette opinion, ne sera victorieux qu'autant que son adversaire aura des idées plus fausses et plus obscures encore, et le surpassera en mal-adresse et en indolence. Si l'on est obligé de convenir que dans les dernières guerres la cavalerie n'a pas eu de faits d'armes qui ont décidé de la victoire, il faut moins s'en prendre à cette arme qu'à ses chefs. On a commis en cela l'injustice d'attribuer à la troupe les torts qu'on ne devait reprocher qu'à quelques individus. L'injustice a subsisté; des généraux mal-adroits ont commandé, et la cavalerie a dû nécessairement dégénérer davantage. Ainsi fut sacrifié le bien à l'intérêt, et la chose publique aux individus.

Cependant on a voulu ôter au hasard le succès des combats, et l'on porta ses vues sur l'infanterie. Cette dernière ne nous donne pas de résultats aussi brillans, mais ils en sont d'autant plus sûrs. Pour cela même l'infanterie doit être considérée comme l'arme principale d'une armée. Presque de tout temps ses avantages ont été appréciés, tandis que la réputation de la cavalerie variait suivant les talens de ceux qui l'ont commandée.

On trouve très-rarement des hommes à la fois sages et impétueux; il y en a plus qui sont prudens et réfléchis.

Dans toutes les armées il s'est trouvé un nombre suffisant de chefs capables de bien conduire l'infanterie; mais rarement il y a eu des hommes en état de commander la cavalerie.

La célèbre phalange macédonienne résista à l'innombrable cavalerie de Darius.

Les Suisses ont prouvé qu'une bonne infanterie est invincible.[1]

Les Anglais dans l'Inde, et les Français en Égypte, ne craignirent jamais ces nuées de cavalerie, que Lloïd regarde comme la meilleure, parce qu'elle attaque à la débandade.

Murat, à la tête de sa cavalerie, ne parvint point à culbuter, le 14 Août 1812, près de Krąnoë, un corps isolé d'infanterie russe de

---

1 Les Suisses peuvent avoir de beaux faits d'armes à citer. Mais pourra-t-on les mettre en ligne avec cette valeur que l'infanterie française déploya pendant vingt-cinq ans, sur le Rhin, en Allemagne, en Italie, en Égypte, et que nous pourrions regarder comme fabuleuse, si nous n'en avions été témoins occulaires? Nos neveux auront peine à croire à tant de courage et de persévérance, lorsqu'ils liront ces pages brillantes dans l'histoire de nos guerres. (*Note du traducteur.*)

10,000 hommes, qui, semblable à un globe de feu, se retira tranquillement à travers la plaine.

Lorsqu'à de pareils exemples l'on joint encore les sommes immenses que coûte la cavalerie, il en suit naturellement que de jour en jour cette arme perd de sa considération.

Il est même probable que, dans la suite, elle ne tiendra plus dans l'armée d'autre rang que celui des frégates dans la marine, et n'aura plus de place assignée dans l'ordre de bataille. On ne s'en servira que pour des reconnaissances, les avant- et arrière-gardes, etc., et elle ne sera reconnue utile qu'au moment où un talent éminent placé sur un trône appréciera sa force, et saura tirer de la foule de ses officiers le plus habile, le plus résolu et le plus audacieux, pour le mettre à la tête de sa cavalerie, avec laquelle, dans les guerres à venir, il subjuguera ces nations qui, entraînées par l'esprit du temps (et il est loin d'être vraiment guerrier), ont négligé leur cavalerie. [1]

Les plus grands capitaines de tous les siècles

---

[1] Les Russes ont, d'après Wilson, 80,000 hommes de cavalerie régulière et 40,000 hommes de cavalerie irrégulière. Quels résultats étonnans le monde n'admirerait-il pas à la première guerre, si cette cavalerie était conduite par un SEIDLITZ? (*Note de l'auteur.*)

ont été convaincus de l'importance de la cavalerie et ont cherché à lui donner une force prépondérante.

Épaminondas a dû la plus grande partie de sa gloire à la cavalerie thessalienne.

Le roi Philippe et son fils Alexandre recherchèrent l'alliance de cette cavalerie célèbre, qui contribua si efficacement à leurs succès.

Cependant tous les généraux n'ont pas su tirer parti de cette arme, plus particulièrement propre à des manœuvres grandes et précipitées, parce que peu d'entre eux connaissaient l'art de saisir le véritable moment d'agir et de la ménager convenablement.

Le talent d'Annibal brille sous ces deux rapports. Dans les jours de combat il savait avantageusement employer sa cavalerie, et si ses plus belles victoires ne lui furent pas exclusivement acquises par elle, du moins elle lui servit à les préparer et à les achever. Aussi, après l'action, il donnait toute son attention à ces troupes dispendieuses. Après avoir défait Flaminius à la bataille du Trasimène et avoir pénétré sur le territoire d'Adria, il fit laver les chevaux de sa cavalerie avec du vin vieux et mit un grand soin à les faire guérir de leurs blessures.

Les Romains ont payé souvent bien cher le manque ou le mauvais état de leur cavalerie, ce qui fit dire à Annibal qu'il ne redoutait pas plus les cavaliers romains que s'ils avaient pieds et poings liés.

Annibal, le grand Annibal, connaissait la cavalerie et savait s'en servir; même de celle des Numides, dont les historiens disent qu'il est impossible d'en voir une qui ait plus mauvaise mine, et qu'on peut comparer aux Cosaques irréguliers de nos jours.

Les chevaux de ces Numides étaient maigres, petits, portant au vent; on les montait sans selle : des cavaliers mal vêtus conduisaient ces chevaux avec une courroie ou un fouet.

Ce ne fut que lorsque les victoires du terrible Annibal eurent dévasté l'Italie et désabusé les Romains, qu'ils songèrent à améliorer et à augmenter leur cavalerie.

La bataille dans laquelle le général carthaginois Xantippe défit et prit Régulus, fut entièrement décidée par la cavalerie.

Dans cette journée les Carthaginois avaient 12,000 hommes d'infanterie et 4,000 de cavalerie; les Romains 15,000 hommes d'infanterie et 500 chevaux. L'armée romaine était composée de vieilles troupes aguerries; celle de

Xantippe de nouvelles levées : il comptait sur sa cavalerie, choisit une plaine pour se battre, et gagna la bataille.

Annibal ne gagna en Italie la bataille du Tessin que par sa cavalerie.

Polybe dit à ce sujet en termes exprès : « Les « Carthaginois dûrent à la supériorité de leur « cavalerie non-seulement la victoire de Cannes, « mais toutes les précédentes, et par-là ils firent « connaître à tous les peuples l'avantage de pré- « senter à l'ennemi une cavalerie supérieure à « la sienne. »

Ce manque de cavalerie fit éviter les plaines à Fabius, à Plancus et aux meilleurs généraux romains de cette époque, qui prirent toujours leurs positions dans des pays montagneux.

Cependant les Romains songèrent à réparer leur erreur, en établissant une juste proportion entre la cavalerie et l'infanterie.[1]

---

1 On a toujours reproché, et avec raison, à l'organisation de l'armée française, d'avoir une cavalerie trop peu nombreuse par rapport à l'infanterie. Bien loin d'y avoir jamais eu un sixième de cavalerie, il y en a eu rarement un douzième. Ainsi la cavalerie française eut constamment le mérite de combattre dans un nombre très-inférieur à celui de ses adversaires ; et si elle n'a pas toujours été victorieuse, elle n'a cédé qu'au grand nombre. (*Note du traducteur.*)

A la bataille de Zama, en Afrique, la cavalerie
de Scipion formait le quart de son armée; celle
d'Annibal était inférieure en nombre et fut culbutée. La cavalerie victorieuse des Romains,
revenue de la poursuite de celle d'Annibal,
attaqua en queue et en flanc la phalange carthaginoise, en tua 20,000 hommes en un moment,
et Carthage devint tributaire de Rome.

Il nous serait facile de tirer encore beaucoup
d'autres exemples de ces grands siècles, où le
caractère particulier de la cavalerie se montre
toujours comme le bel effet d'une volonté énergique; caractère qui se perd de plus en plus, depuis que l'invention des armes à feu tient les combattans à une grande distance les uns des autres.

On attache maintenant plus de prix à choisir
une position qu'à combattre; on regarde comme
plus avantageux, même comme plus honorable,
d'éviter une bataille que de la livrer. Le soldat
imite son chef. Il ne faut donc plus s'étonner
de lui voir mettre plus d'adresse à éviter un choc
qu'à l'exécuter. En effet, les rencontres où l'on
voit deux troupes se choquer et combattre à
l'arme blanche, deviennent de jour en jour plus
rares. Nous vivons dans le siècle de la prudence,
et c'est la prudence qui fait tourner le dos,
au lieu d'attendre le choc de l'ennemi.

Nulle époque n'a plus d'attraits pour nous que ce bel âge où le guerrier suivait le système de la chevalerie.

Alors la tactique se bornait aux combats chevaleresques; la bravoure, la force et l'adresse personnelle décidaient du combat. Les chevaliers étaient couverts de fer, ne montaient que des chevaux entiers, maniaient la lance, l'épée et la massue.

Cet âge, qu'à juste titre on peut appeler l'âge de fer, nous remplit d'un saint respect.

L'esprit chevaleresque peut paraître bizarre; mais il n'en est pas moins vrai qu'il est magnanime de combattre pour des opinions qui nous paraissent justes et fondées.

Sans une opinion propre il n'y a point de caractère estimable, et celui qui pense par lui-même, offre toujours quelque chose de particulier. Plus les caractères sont façonnés de la même manière, moins il y a de caractère national. L'Anglais, vu individuellement, est bizarre; mais il existe en Angleterre un esprit national.

Les anciens chevaliers ne respiraient que les petites guerres (*Fehde*); ils combattaient de préférence pour leur opinion. Plus une aventure paraissait périlleuse, plus elle leur plaisait.

La religion, dont ils étaient les défenseurs, relevait encore leur courage.

L'attachement qu'ils portaient à leur prince, l'amitié, leur étaient sacrés ; se parer des couleurs de leurs dames, était pour eux le souverain bien. Aujourd'hui les jeunes gens sont amollis par l'amour ; les hommes se croient fondés à fuir le danger pour l'amour de leurs femmes et de leurs enfans : chez les chevaliers ce sentiment était une nouvelle source de bravoure.

Tacite, déjà, dit, en parlant des Germains : « Dans le combat il est honteux pour le prince « d'être surpassé en valeur ; il est honteux pour « les sujets de ne pas l'égaler en courage.

« La plupart des jeunes nobles offrent en vo-« lontaires leurs bras aux tribus voisines, lorsque « leur pays est en paix. Le repos est insuppor-« table à ce peuple, et la gloire s'acquiert plus « facilement au milieu du danger.

« Les compagnons d'un prince rivalisent en-« tre eux pour obtenir sa faveur : lui survivre « dans un combat et rentrer dans ses foyers, « déshonore et flétrit pour toujours ; combattre « pour lui, le défendre, n'attribuer les actions « héroïques qu'à sa gloire, voilà le plus saint « de leurs devoirs. Les princes combattent pour « la victoire, les sujets pour leur prince. »

Qui n'aimerait pas à s'arrêter à d'aussi beaux souvenirs ? Vraiment on devrait se garder de perdre l'antique héritage que ces temps nous ont transmis ; c'est de la force qu'il faut à une nation.

Le système de la chevalerie n'a pas cessé tout à coup ; il a amené peu à peu la formation de la cavalerie actuelle.

Le roi de France, Charles VII, a formé, en 1445, la première cavalerie permanente.

Cet exemple trouva d'autant plus facilement des imitateurs, que les grandes monarchies ne permirent plus aux chevaliers de faire la guerre pour leur propre compte : on prit volontiers du service ; on se procura par là de l'occupation, une solde et un moyen de satisfaire son ambition.

De tous les peuples anciens et modernes qui ont eu une cavalerie, ce sont les Européens, et parmi ceux-ci les Allemands, qui, avec leur cavalerie, faible en nombre, mais bonne par sa valeur intrinsèque, ont exécuté les entreprises les plus téméraires.

Les Espagnols dûrent leurs succès, dans la conquête de l'Amérique, autant à leurs armes à feu qu'à leur cavalerie, par la crainte que causa la vue des chevaux aux habitans du Pérou et du

Mexique, auxquels ces animaux étaient entièrement inconnus. [1]

A la bataille de Zeuta, que le prince Eugène gagna sur le sultan Kara Mustapha, la cavalerie allemande sabra ou fit sauter dans la Teisse plus de 10,000 Turcs.

Lorsqu'en 1567 le duc d'Albe se rendit dans les Pays-Bas, il se fit accompagner de dix escadrons de lanciers. Ce duc fut le premier qui réussit à faire combattre sa cavalerie avec ordre et méthode. Cependant il fut surpassé par son adversaire, le prince Maurice d'Orange. Au commencement de cette guerre, les Hollandais, manquant de cavalerie, firent venir d'Allemagne des cavaliers sans armure complète et sans lances, et qui s'illustrèrent sous le nom de cavaliers allemands. Les Français mêmes les nommèrent *Reitres*.

La supériorité que sut donner Maurice d'Orange à cette cavalerie, le fit triompher dans les champs de Thurnhout, Thiel, etc.

A la bataille de Leipzig ou de Breitenfeld, en 1651, l'excellente cavalerie des Impériaux, sous

---

[1] Dans la guerre actuelle des colonies espagnoles contre leur métropole, les victoires remportées par les indépendans sont presque toujours décidées par la cavalerie. (*Note de l'auteur.*)

le commandement du téméraire Pappenheim, causa de l'inquiétude à Gustave-Adolphe et lui parut formidable. Le roi de Suède avoit 9000 chevaux, nombre proportionné à ses 13,000 fantassins, sans compter les 15,000 Saxons. La cavalerie suédoise ne le cédoit ni en valeur ni en discipline à la cavalerie de Tilly, forte de 13,000 hommes; mais elle n'était pas si bien montée.

Si Tilly a perdu cette bataille, dans laquelle on comptait 37,000 hommes de part et d'autre, ce n'est pas tant la faute de sa cavalerie, que la sienne propre, faute que ne put réparer la valeur de ses vieux régimens aguerris, qui se sacrifièrent inutilement.

Charles XII s'occupa tout particulièrement de sa cavalerie, et lui apprit à exécuter ses évolutions avec une incroyable célérité. En 1707, il creva deux chevaux à la revue d'un régiment. L'hiver de 1705, il rédigea un nouveau réglement pour sa cavalerie, qui, sous lui, acquit un éclat inconnu jusqu'alors, et devint redoutable dans les guerres du Nord.

Sous le règne de Frédéric le Grand, la cavalerie atteignit son plus haut degré de perfection, et fut invincible dans le vrai sens du mot.

Le rôle de la cavalerie sous le commandement du général Seidlitz, ne se borna plus à remplir

les intervalles d'une ligne de bataille ; elle devint
une partie agissante de l'armée, et, semblable
à un torrent qui renverse et entraîne après lui
les digues qu'on lui oppose, elle assura ses
succès avec une force irrésistible. Ce général
tenait constamment une masse de cavalerie réunie, et possédait le grand secret d'être audacieux
ou prudent à propos. On le vit, à Rosbach et à
Zorndorf, impétueux, déployant la plus bril-
lante valeur, et temporisant avec prudence à
Kunersdorf. [1]

Il est vrai que Seidlitz fut un général de cavalerie accompli, et il s'écoule souvent un siècle
sans que dans la même arme il s'en forme un
second. L'expérience nous l'a prouvé ; nous ne
parlons pas par hypothèse.

Un grand général de cavalerie (d'après l'idée
que nous y attachons) est aussi rare qu'un bon
général en chef. [2]

---

[1] Il résista plusieurs fois aux ordres de son roi, et
n'obéit que lorsqu'il eut reçu les ordres les plus impé-
ratifs : il renversa l'ennemi ; mais Frédéric perdit la
bataille. Sans la blessure que reçut Seidlitz dans cette
journée, Frédéric, malgré les mauvaises dispositions
qu'il avait prises, eût encore été vainqueur. La cavalerie, restée sans chef, fut inutilement sacrifiée.
(*Note du traducteur.*)

[2] Il est faux de croire que le terme de général

Le mouvement de la cavalerie exige un coup d'œil prompt, un esprit calme et ferme; une hardiesse souvent téméraire, souvent prévoyante; en un mot, beaucoup de talent. Souvent la hardiesse déployée à propos devient dangereuse, si le chef et ses troupes se laissent trop tôt entraîner par leur ardeur.

La cavalerie a trois fois plus de vîtesse au trot que le pas accéléré de l'infanterie; c'est pourquoi Ziethen a pu dire à son roi : « Au moment où je « vois l'ennemi, mes dispositions sont déjà faites. »

L'auteur de cet ouvrage, comme l'indique son titre, s'étant uniquement proposé de traiter de la cavalerie, l'on ne peut s'attendre qu'il développe la nécessité de l'étude du commandement de l'infanterie, et la manière de tirer les fantassins d'un combat malheureux. La retraite de ces derniers est toujours plus difficile que celle de la cavalerie.

La gloire de la cavalerie ne souffre pas, si,

---

renferme l'idée de l'art de commander toutes les troupes. L'on n'a encore exigé d'aucun chef d'orchestre qu'il sût jouer de tous les instrumens. Tout général doit connaître l'usage et l'emploi des différentes armes. Fréderic le Grand disait au prince de Ligne : « Votre « général Nadasdy m'a paru un grand général de ca- « valerie. » (*Note de l'auteur.*)

repoussée, elle est ramenée en désordre; mais
on exige de l'infanterie une persévérance opiniâtre, même dans les circonstances les plus
défavorables. Elle ne peut impunément se laisser
mettre en déroute, et, une fois chassée d'une
position, l'ordre est difficile à rétablir parmi elle.

La légèreté n'a pas toujours des suites aussi
dangereuses pour la cavalerie; celle-ci, même
culbutée, reparaît souvent confiante et victorieuse un instant après. Ceci est la conséquence
de la vélocité de ses mouvemens, tandis que
la lenteur des manœuvres de l'infanterie exige
qu'elles s'exécutent avec le sang froid le plus
exercé, et que les chefs de cette arme sachent
saisir le vrai moment qui décide des batailles.

Une plaine ouverte est le théâtre sur lequel la
cavalerie paraît dans tout son éclat. La plus grande
rapidité dans ses mouvemens est sa principale
qualité; c'est par elle seule qu'elle a acquis cette
supériorité qu'attestent encore tant de champs
de bataille. *Mais il faut un chef dont les qualités personnelles soient comme une source
intarissable de succès.*

De tous temps ce principe a été reconnu,
même par les personnes les plus prévenues contre
la cavalerie. Folard, par exemple, qui pense
que la cavalerie n'est d'aucun prix, et qu'une

armée peut très-bien exister sans elle, convient cependant assez naïvement qu'une bonne et brave cavalerie, que le chef sait employer à propos, peut toujours renverser des bataillons disposés en ordre étendu.

« L'infanterie, dit ailleurs Folard, ne peut
« jamais résister à la cavalerie, surtout depuis
« qu'elle a abandonné l'usage des piques. Dans
« la guerre de la succession d'Espagne, en 1701,
« un officier de cette nation traversa, avec 100
« chevaux, un bataillon d'Anglais, et revint une
« seconde fois tenter la même charge. »

Le général Lloïd, qui veut que la cavalerie soit peu nombreuse, parce qu'elle est trop dispendieuse et qu'elle rend peu de service, se contredit également quelques pages plus bas :
« Votre infanterie, dit-il, est-elle mauvaise,
« augmentez votre cavalerie et votre artillerie ;
« ce sont deux moyens assurés de contenir
« l'ennemi à une certaine distance. »

Montécuculi connaissait particulièrement les avantages de la cavalerie. « L'action la plus im-
« portante d'une armée, dit ce général, est de
« livrer bataille, et la troupe qui y prend la
« part la plus active, est la cavalerie. C'est elle
« qui doit décider du combat. Si elle est vain-
« cue, la bataille est perdue sans ressource ;

« est-elle victorieuse, au contraire, le succès
« est toujours complet. »

La bataille de Wurzbourg, en 1796, prouve
la vérité de ce principe, car elle fut décidée par
la cavalerie. Celle de Marengo pourrait être citée
en preuve de l'inutilité de la cavalerie, lorsqu'elle
n'est pas conduite par un bon chef.

Les vues fausses de beaucoup de généraux
de cavalerie ont fait à cette arme un tort irréparable.

Jamais, un jour de bataille, elle ne doit être
épargnée; cette heureuse occasion d'acquérir de
la gloire ne doit jamais être négligée : en un pareil
jour la cavalerie doit paraître avec toute sa vigueur, tous ses avantages. Pour cela il faut mettre
tous ses soins à l'entretenir en bon état; mais,
pour y parvenir, on ne doit pas compter seulement sur la bonne volonté du cavalier. Le soldat peut être animé par des discours; on peut
flatter son point d'honneur, et par là le porter
à de nouvelles actions, à de nouveaux efforts. Il
n'en est pas de même du cheval; il faut des
mois pour le remettre, s'il est épuisé par des fatigues extraordinaires. Il est vrai que les chevaux
endurent plus que les hommes; mais tout effort
extraordinaire a son terme : si on le dépasse,
la diminution qu'éprouve dans peu de nuits une

cavalerie épuisée, soit par manque de fourrage, soit par la fatigue, offre un tableau d'horreur dans les bivouacs qu'on a quittés le matin.

Un cheval dont la ferrure est négligée, est hors de service pour le reste de la campagne. La plus grande partie des chevaux qu'on renvoie dans les petits dépôts, sont boîteux par suite de cette négligence, et plus de la moitié devient incapable d'aucun service.

L'attitude imposante d'un corps se perd ainsi pour toute la campagne. Cela est reconnu et ne souffre pas de contradiction : mais jamais on ne recherche la vraie cause du mal dans l'influence personnelle du chef.

Cet objet présente un caractère tellement intéressant, et son influence est si décisive pour le bon ou le mauvais succès de la campagne, comme nous le prouve l'histoire de tous les temps, qu'il ne sera pas déplacé d'y avoir rendu attentif.

CHAPITRE III.

Division de la tactique.

La tactique comprend, *l'art des positions, celui des évolutions,* et *l'escrime, ou les différentes manières de se battre.*

Il y a des positions à prendre et des mouvemens à faire dans le combat et hors du combat. Je reviendrai là-dessus dans les chapitres suivans; parlons d'abord des positions et des mouvemens pendant le combat, et du combat même.

Nous passons sous silence l'organisation, la discipline, la formation du cavalier; nous ne parlerons ni de l'équipement ni de l'instruction des chevaux : nous entendons remettre entre les mains du général le régiment, tel qu'une machine qui ne demande plus que l'impulsion ou le mouvement.

Les élémens du service dépendent en partie de l'esprit national, en partie du goût et de la volonté du chef.

Il est vrai qu'ordinairement ces élémens sont compris dans la tactique, et on les nomme *tactique élémentaire.* Cependant, si la tactique

est un art, l'on ne peut y comprendre les premiers élémens du service.

L'instruction et la formation des recrues n'est
pas un art, pas plus qu'un caporal n'est un tacticien.

Quoique le maréchal de Saxe fasse dériver
le mot *tactique* de la marche des Romains
d'après le tact ou la mesure, nous entendons
maintenant par ce mot autre chose et plus que les
leçons d'équitation ou le maniement des armes.

L'équitation, en général la formation du cavalier, est une chose essentielle : elle peut être
considérée comme la base de l'édifice de la tactique; mais elle est aussi peu la tactique elle-
même que le fondement est l'édifice. Il n'y a
que les actions purement militaires et exécutées
à la guerre, qui appartiennent à la tactique.
Cet art trouve aussi peu son application en temps
de paix que la science de la stratégie, parce
que des opérations de guerre ne peuvent pas
s'exécuter pendant la paix. Le but de la stratégie
ne peut être atteint que par des positions, des
évolutions et des combats qui ont lieu devant
l'ennemi.

Les réglemens qui contiennent les élémens
du service devraient être rédigés avec une
telle perfection qu'on y trouvât consignés d'une

manière claire et précise toutes les parties de ce service, depuis le simple cavalier jusqu'au colonel.

On pourrait, peut-être, diviser un tel ouvrage de la manière suivante :

LIVRE PREMIER.
Code militaire.

a. *Lois militaires;*
b. *La discipline exactement détaillée comme la base de l'état militaire;*
c. *La justice, qui développerait les rapports du soldat avec les lois civiles et pénales, en y joignant des règles de procédure.*

On désignera les cas où le soldat, comme citoyen de l'État, rentre sous le droit commun; car il seroit injuste d'infliger à un délit ordinaire la peine portée par les lois militaires, et l'on devra diviser les délits en *civils* et *militaires.*

LIVRE SECOND.
Réglement de service.

CHAPITRE PREMIER.
Règles générales de service, avec modèles de rapports, contrôles, situations, etc.

CHAPITRE II.
Règles particulières de service, ou service intérieur d'un régiment, avec dessins et ex-

plications de l'armement, de l'équipement de l'homme et du cheval.

LIVRE TROISIÈME.

Réglemens sur les manœuvres.

CHAPITRE PREMIER.

École du cavalier.

Article 1.er *École du cavalier à pied.*
Article 2. *École du cavalier à cheval.*
Article 3. *Instruction des chevaux de remonte.*
Article 4. *Maniement des armes à cheval.*

CHAPITRE II.

École de l'escadron.

Article 1.er *École de l'escadron à pied.*
Article 2. *École de l'escadron à cheval.*
Article 3. *Formation des tirailleurs.*

CHAPITRE III.

École du régiment, ou évolutions d'un régiment.

Article 1.er *Passage de l'ordre en ligne à l'ordre de colonne.*
Article 2. *Formation des lignes.*
Article 3. *Évolutions des lignes.*
Article 4. *Des revues, parades ; manière de défiler.*

CHAPITRE IV.

Évolutions de lignes plus étendues.

Article 1.er *Formation de la colonne.*
Article 2. *Déployement de la colonne.*
Article 3. *Manœuvres en ligne.*

LIVRE IV.

Réglemens du service en campagne, contenant le service des avant-postes, ou la petite guerre. *Ce livre pourrait se diviser ainsi :*

> *Avant-gardes ;*
> *Arrières-gardes ;*
> *Grandes gardes ;*
> *Postes de soutien ;*
> *Postes détachés ;*
> *Patrouilles ;*
> *Reconnaissances ;*
> *Escortes des convois ;*
> *Réquisitions ;*
> *Quartiers d'hiver ;*
> *Surprises,* etc. [1]

On pourrait, dans ce dernier livre, citer, comme règles à suivre, des exemples tirés de

---

[1] L'auteur développe, d'après le plan indiqué, les livres III et IV. (*Note de l'auteur.*)

l'histoire des guerres nationales. En indiquant les noms des officiers, sous-officiers et soldats qui se sont distingués dans la guerre, on exciterait l'ambition des jeunes militaires, et ce quatrième livre, contenant les élémens du service, deviendrait une espèce de fastes militaires pour l'armée.

Si, dans l'artillerie, on distingue le matériel du personnel; si, par la première de ces dénominations, on désigne les bouches à feu, les munitions, les voitures et les attelages, et par la seconde les canonniers, cette division peut s'appliquer très à propos à l'arme de la cavalerie. D'après le général Théobald même, cette distinction s'adapte à l'art de la guerre en général : par le matériel, dit-il, on entend tous les approvisionnemens de guerre, et par le personnel tous les individus d'une armée.

Les chevaux, leur équipement et les armes, seraient donc le matériel, et les cavaliers le personnel. En effet, cette distinction est très-facile à saisir.

De même que les meilleurs artilleurs ne peuvent être d'un grand secours avec de mauvaises pièces, ainsi les cavaliers les plus exercés, mais mal montés, sont hors d'état de déployer leur valeur. La campagne de 1812 a prouvé que rien n'est moins redoutable qu'une cavalerie démontée.[1]

Napoléon avait formé à Moscou en régimens, et armé en fantassins, environ dix mille cavaliers démontés, parmi lesquels se trouvait l'auteur de cet ouvrage, malade alors. Mais, trois jours après le départ de ce corps du Kremlin, cette belle œuvre, comme beaucoup d'autres, fut anéantie. Ces cavaliers-fantassins rodèrent isolément dans les environs de la route pour se procurer des vivres, et tombèrent entre les mains des Cosaques, ou furent tués par les paysans.

La cavalerie attache elle-même la plus haute importance au matériel, parce que, dans cette arme, on ne compte pas, comme dans l'infanterie, la force par le nombre des hommes, mais par celui des chevaux.[2]

---

[1] On peut ajouter à ce que l'auteur vient de dire le résultat de la fameuse organisation, en France, des dragons à pied en 1804. Rien ne prouve mieux l'inconvénient de mettre à la tête de la cavalerie des hommes à systèmes. On s'est privé à cette occasion de trente bons régimens de cavalerie qu'on a eu bien de la peine à réorganiser. (*Note du traducteur.*)

[2] L'infanterie compte sa force par baïonnettes; l'artillerie, par pièces; la cavalerie, par chevaux. (*Note de l'auteur.*)

Avant la bataille de Leipzig, Gustave-Adolphe recommanda à sa cavalerie de donner les coups de sabre de manière à blesser la tête et le cou des chevaux de l'ennemi, afin de mettre la confusion dans les rangs des Impériaux.[1]

A des époques plus récentes, des commandans de bataillon ont ordonné avec succès d'ajuster les chevaux de la cavalerie ennemie, donnant pour motif que le cavalier n'est plus à craindre quand le cheval tombe.[2]

Bülow, dans son *Esprit du nouveau système*

---

[1] Je ne puis ici partager l'opinion de l'auteur : il est rare et presque impossible de tuer un cheval d'un coup de sabre, surtout quand la tétière de la bride est garnie d'une chaînette. Le cheval reçoit souvent plusieurs coups de sabre sans que son cavalier y fasse attention (cela m'est arrivé à Crivitz, en Novembre 1806). Il est donc plus avantageux de diriger les coups sur les cavaliers, qui abandonnent le plus souvent le combat pour un seul coup de sabre, à plus forte raison pour un coup de pointe. (*Note du traducteur.*)

[2] Ceci est encore faux. A la bataille de Sédiman, en Égypte, on a vu des Mamelucs, dont les chevaux étoient tués par le feu des carrés, se glisser sur les mains et les genoux, pour sabrer les jambes des soldats français : d'ailleurs, un bon cavalier, un brave soldat démonté, se procurera promptement un cheval d'un de ses camarades tués ou blessés. (*Note du traducteur.*)

de guerre, détaille d'une manière précise l'influence que peut avoir le manque de fourrages sur les mouvemens d'une armée : « On se croit « ruiné, dit-il, quand on parcourt les calculs « du général *Tempelhof*, et qu'on voit l'énorme « quantité de chevaux qu'il faut à une armée ; « on craint qu'ils n'appauvrissent en fourrage « le monde entier. »

Aussi le premier soin des officiers de cavalerie doit-il être toujours celui de conserver le matériel : les chevaux doivent avoir le temps de repaître et de se reposer ; leur ferrure et leur équipement doivent être entretenus dans le meilleur état.

Rarement la cavalerie se verra dans le cas de renvoyer sur les derrières des chevaux en bon état, faute d'hommes pour les monter ; mais bien souvent elle a des cavaliers valides démontés. Le personnel paraît être de moindre importance, non pas en lui-même, mais parce qu'il ne manque pas, s'il y a des moyens de renouveler ou de conserver le matériel. En effet, les cavaliers, sous le prétexte d'aller chercher du fourrage, trouvent très-bien le moyen de ne manquer de rien : de là le reproche qu'on fait à la cavalerie d'aimer à piller[1]. Les officiers de cavalerie to-

---

1 Rien n'est plus injuste que ce reproche de pillage qu'on adresse sans cesse à la cavalerie. Quel est celui qui

lèrent, en considération du matériel, un mal qui suit toujours la guerre, et qui ne saurait être empêché entièrement.

a. *Positions de la cavalerie.*

La cavalerie ne peut agir avec succès qu'offen-sivement. L'offensive exige la force et l'énergie; la défense demande une prudente prévoyance.

Il faut à la cavalerie un terrain découvert pour pouvoir déployer sa force et faire usage de son énergie. D'après Théobald, ce terrain doit être sec et uni, ou bien présenter une pente douce à monter.

Elle doit être placée en arrière du point à défendre ou bien sur ses côtés, afin que, si ce point est menacé, elle puisse donner à son choc toute l'impulsion dont elle est susceptible; l'infanterie, au contraire, est placée sur la ligne dont on lui a confié la défense.

Il s'en suit de là qu'on ne doit jamais placer la cavalerie en avant des obstacles de terrain; au contraire, elle doit toujours prendre sa position

---

a fait la guerre et qui n'a vu souvent l'infanterie courir aux vivres aussitôt les armes déposées en faisceaux, et retourner entièrement un village avant que les cavaliers aient seulement débridé leurs chevaux ? (*Note du traducteur.*)

à une certaine distance et en arrière d'un village, d'un bois ou d'un défilé, afin qu'elle puisse avec avantage s'élancer sur l'ennemi. On la sacrifie inutilement en la plaçant trop près des batteries, comme en un lieu de sûreté. Plutôt que de la placer derrière les batteries, il vaudrait peut-être mieux la mettre sur les côtés, parce qu'elle agit souvent avantageusement par une attaque de flanc faite en ordre oblique. [1]

La première règle à suivre dans une action générale, est de tenir réunie une grande masse de cavalerie, de la disposer sur plusieurs lignes, sous le commandement d'un chef qui sache profiter du moment d'agir avec la rapidité de l'éclair. Ce chef ne devra recevoir d'ordre que

---

[1] Une batterie sera toujours suffisamment en sûreté, si le corps destiné à la protéger est sur son flanc en arrière, à une distance presque égale à celle qui la sépare du corps de l'ennemi le plus rapproché. Ceci a été pratiqué heureusement contre les Anglais, les Espagnols, les Prussiens, les Russes, etc., par l'officier, aussi brave qu'instruit, qui a commandé successivement l'artillerie des première et troisième divisions de dragons.

L'intérêt de l'humanité et de leur propre gloire doit fortement recommander aux généraux de cavalerie la pratique d'une règle aussi utile et dont l'inobservation coûte tant de coupables sacrifices d'hommes. (*Note du traducteur.*)

du généralissime, et sera, dans toute l'acception du mot, *le général de la cavalerie.*

On n'est pas toujours d'accord sur la place que doit occuper la cavalerie dans l'ordre de bataille. Il a été long-temps d'usage de la placer sur les ailes de l'armée. Il en résulte l'inconvénient d'empêcher les troupes de se soutenir mutuellement, et de laisser les ailes de l'infanterie découvertes quand la cavalerie est battue.

Il est probable que de cet isolement de l'infanterie et de la cavalerie est née la prévention qui a fait douter de l'importance de cette dernière arme; et, en effet, on les vit agir en corps séparés et combattre isolément, au lieu de se prêter un soutien mutuel. La cavalerie était-elle battue, l'infanterie se croyait perdue et ne tenait plus ferme. De là vient que la plupart des généraux ont porté leur attention sur la cavalerie. Celui qui commandait une force prépondérante de cavalerie, cherchait d'abord à battre celle de son adversaire, pour s'assurer du gain de la bataille.

Dans la guerre de trente ans, la cavalerie des Impériaux étant supérieure à celle de Gustave-Adolphe, celui-ci plaça des pelotons d'infanterie dans les intervalles de sa cavalerie.

Ce mélange des deux armes a trouvé des partisans, mais à tort : la cavalerie est-elle battue, les pelotons succombent sans avoir été d'aucun secours à la cavalerie.

A la bataille de Mollwitz, Fréderic imita cette disposition ; mais il en avoue la défectuosité.

Le champ de bataille même indique ordinairement le terrain propre à la cavalerie ; sinon celle-ci doit être réunie en masse derrière l'infanterie. La rapidité de ses mouvemens permet de la porter sur plusieurs points du champ de bataille sans la diviser.

Par là on donne plus de consistance à la ligne de bataille. Ajoutez à cela que le soldat de la première ligne combattra avec plus de valeur lorsqu'il apercevra derrière lui des lignes nombreuses pour le soutenir, de même que cela aura nécessairement un effet contraire dans les rangs de l'ennemi. Quiconque a été à même d'observer les dispositions du soldat, reconnaîtra la vérité et la justesse de ce principe.

« Quelques troupes de cavalerie légère, dit « l'archiduc Charles, disposées derrière l'infan-« terie, suffisent pour profiter des prises que « l'ennemi pourrait donner sur lui : la cavalerie « passe alors par les intervalles que laisse entre « elle l'infanterie. »

Tant que l'on suivra cette maxime de réunir en masse le reste de la cavalerie, et qu'on lui donnera un chef habile, elle obtiendra des succès étonnans.

Le prince Charles dit encore : « L'officier « à qui le généralissime confie le commande- « ment de la cavalerie le jour d'une bataille, « ne doit, par aucune représentation des autres « généraux, se laisser entraîner à diviser sa « masse de cavalerie pour les appuyer par des « détachemens sans but.

« Les généraux autrichiens suivirent rarement « cette règle. Ils répartissaient leur cavalerie « parmi l'infanterie sur toute l'étendue d'une « position, ou sur les plaines que les colonnes « avaient à parcourir. L'une de ces armes perdit « par là sa consistance ; l'autre ne décida plus « du gain des batailles. »

b. *Mouvemens de la cavalerie.*

Toute évolution de cavalerie doit être prompte et porter le caractère de la plus confiante résolution.

On doit chercher à surprendre l'ennemi en tournant inopinément une de ses ailes de manière à ne pas lui laisser le temps de faire une contre-manœuvre ; ce qui est plus facile vis-à-vis de la cavalerie que de l'infanterie, qui peut presque toujours se former en carrés avant que la

4

cavalerie puisse entamer la charge. Il s'ensuit de
là qu'il vaut mieux essayer la fermeté de l'infanterie en la faisant harceler par des attaques isolées, afin de se ménager le moment du choc,
car rien ne décourage plus une troupe que
d'échouer dans une pareille entreprise. Les manœuvres en échelons atteindront plus sûrement
le but qu'on se propose ici.

Quelques officiers de cavalerie, novateurs,
ont prétendu qu'il fallait faire attaquer l'infanterie par des colonnes serrées de cavalerie, afin
que les divisions de la queue, qui souffrent
moins du feu, donnassent l'impulsion en pous-
sant en avant les divisions de la tête, d'après le
proverbe : *un clou chasse l'autre.* Néanmoins
l'invention des armes à feu a fait abandonner
l'ordre profond pour ce genre d'attaques.

Il est des cas où une attaque vigoureuse peut
devenir tellement décisive, que ce serait com-
mettre une faute que de laisser passer le moment
favorable en voulant se déployer avant d'attaquer. Dans ces cas il est indifférent qu'on aborde
l'ennemi en ligne ou en colonne, en ordre ou
non.

La conduite du général Rœmer, à la bataille
de Mollwitz, en est une preuve. Cependant c'est
une exception à la règle

L'armée autrichienne, sous les ordres du feld-maréchal Neuperg, fut surprise, pour ainsi dire, par le roi de Prusse, près de Mollwitz, le 10 Avril 1741.

Le général Schulembourg commandait la cavalerie prussienne, le général Rœmer celle des Autrichiens.

Rœmer, arrivant sur le terrain, vit que la cavalerie prussienne était rompue par escadrons à droite, pour gagner le village de Herrendorff, où devait s'appuyer l'aile droite : sans se donner le temps de déployer, le général se précipita en masse, à bride abattue, sur son adversaire, qu'il culbuta facilement.

Les deux généraux de cavalerie perdirent la vie dans cette bataille.

Les manœuvres pour gagner le flanc de l'ennemi peuvent être exécutées de différentes manières.

L'archiduc Charles et Théobald recommandent avec raison de placer derrière la première ligne des régimens disposés en colonne.

On peut, par un changement de front exécuté au galop, ou bien par la formation d'une ligne oblique, surprendre et renverser son ennemi ; mais il faut pour cela des régimens exercés et éprouvés.

Les manœuvres en échelons présentent de grands avantages pour la formation d'une ligne oblique : une manœuvre en échelons, partant du centre, peut aussi faciliter le débordement de l'ennemi.

c. Combats de cavalerie.

L'issue d'une charge de cavalerie est souvent incertaine, et échoue quelquefois par un léger obstacle présenté inopinément. Il s'en suit qu'on doit toujours chercher à surprendre son ennemi, en évitant d'être surpris soi-même.

On réussit à surprendre son ennemi par des mouvemens rapides qu'on fait sur une ou sur les deux ailes de l'ennemi, ou bien encore sur sa seconde ligne, lorsqu'on est supérieur en nombre : si, au contraire, on est surpris, on doit tenir sa cavalerie réunie, et la placer sur deux ou même, si les circonstances le commandent, sur trois lignes, en ayant soin de bien couvrir ses flancs.

Les attaques doivent toujours se faire avec l'impétuosité qui seule peut en assurer le succès.

Comme la charge exige toute l'énergie dont l'homme est capable ; que l'état d'exaltation qui anime les assaillans dans la charge s'affaiblit bientôt et fait place à l'épuisement ; que toute charge animée entraîne la désunion dans les rangs et rompt la ligne, parce que tous les chevaux n'ont ni la même force ni la même vitesse, l'on doit, au moment où l'on charge l'ennemi, réunir tous les moyens pour exalter, jusqu'à la férocité même, l'enthousiasme qu'éprouve une brave cavalerie dans ce moment suprême.

La force s'épuise par son activité; à l'excès des efforts succède l'épuisement[1]. Il faut donc chercher à réussir avant que cette fougue disparaisse.

Une troupe de cavalerie n'est jamais plus désunie, et par conséquent plus facile à vaincre, qu'après un choc victorieux. Avant que les chevaux aient repris haleine, que les cavaliers se soient remis de leurs efforts, l'on entend des cris tumultueux; chacun veut raconter à son ami, à son camarade, ce qui lui est arrivé de particulier : la voix du commandement ne peut plus se faire entendre; c'est en vain que la trompette sonne le ralliement et que les chefs s'efforcent de reformer la ligne. Paraît-il dans ce moment une troupe ennemie encore fraîche, l'on rétrograde souvent aussi vite que l'on est avancé. Une seconde ligne, qui s'avance au

---

[1] Principes de stratégie.

trot pendant le mouvement de la première, peut
seule garantir d'un pareil échec.

Lorsqu'on peut engager le combat sur tous
les points de la ligne de l'ennemi et avancer
ensuite avec une ligne de troupes fraîches, le
succès est toujours immanquable, comme on
l'a vu à Wurtzbourg.

Quiconque a vu la belle et nombreuse cavalerie des alliés, en 1813 et 1814, regrettera
qu'un bon général n'ait pas été mis à sa tête.
Que ne devait-on pas alors en attendre?

Toute victoire dont la cavalerie ne profite pas,
manque de résultats brillans, au lieu que celui
qui perd une bataille décidée par la cavalerie est
toujours écrasé.[1]

---

[1] Les journées de Mœskirch, Dillingen, Marengo,
Hohenlinden, Medelin, Occanna, Alba de Tormès,
Almonacid, prouvent évidemment cette vérité. (*Note
du traducteur.*)

CHAPITRE IV.

Caractère particulier des combats.

La science des combats est la partie la plus
difficile de la tactique. Le moment d'agir doit
être connu, aussi bien que l'art des positions et
des évolutions. Les différentes sensations qu'on
éprouve pendant le combat, font assez souvent
disparaître le calme et le sang-froid si indispensables pour en arracher l'issue au hasard.

Le cœur humain joue un rôle trop important
en pareille occurrence, pour qu'il soit possible
d'assigner à cette partie de l'art de la guerre
des règles invariables.

Où chercher ailleurs que dans le cœur humain la cause qui fait que, lorsque deux lignes
de cavalerie se chargent, l'une des deux fait
presque toujours demi-tour à 5o ou 6o pas de
l'autre et prend la fuite? Voudrait-on contester
que beaucoup de chefs, perdant le calme et le
sang-froid, poussent des cris au lieu de commander, et mettent par là non-seulement la
confusion dans leur troupe, mais finissent toujours par perdre eux-mêmes la tête? Au moins
sera-t-on forcé de convenir que le courage

dépend de l'humeur, et que les soldats se battent mieux un jour qu'un autre.

On doit avouer, avec le maréchal de Saxe, que rien n'est plus versatile que le courage : lorsqu'on lui entend dire que des troupes battues derrière des retranchemens eussent été victorieuses si elles avaient agi offensivement, on est forcé de convenir qu'il est bien difficile de saisir la véritable disposition d'esprit du soldat.

Le bel exemple, le calme et la présence d'esprit imperturbable des officiers qui sont à la tête d'une troupe, la confiance qu'ils doivent inspirer au soldat; la conviction de celui-ci, que son chef n'entreprend rien sans but, maîtrisent son irrésolution et sont les seuls moyens de se prémunir contre les caprices de la bravoure.

Le chef doit, comme il a déjà été dit, tout faire pour exalter le courage de sa troupe au moment où il la mène à la charge, sans qu'il ait besoin d'ajouter au sien.

Il n'est pas de juge plus sévère, pas d'observateur plus judicieux que le soldat; il exige des officiers les qualités d'un combattant, mais à plus forte raison les talens du commandement.

Il serait intéressant pour le philosophe d'observer le moment décisif d'un combat. Ce moment surprend le jeune guerrier, tandis qu'il est prévu par le vétéran quelquefois même avant que le combat ne commence. Ce pressentiment naît en partie de la situation morale du soldat, des revers éprouvés, de la pénurie des vivres, mais plus souvent du défaut de confiance des troupes dans leurs généraux.

Il n'est pas rare de voir le gain ou la perte d'une bataille dépendre de circonstances insignifiantes, étrangères aux calculs et aux dispositions des généraux[1], comme aussi il devient

---

1 M. de Bretschneider rapporte ce qui suit : « Une « grande découverte que je publie cinquante ans après « l'événement, n'est rien moins que la cause du gain « de la bataille de Collin. J'étais alors dans le régiment « des chevau-légers saxons. Nous avons été pendant « toute cette journée en bataille sur une hauteur, mais « cependant un peu à couvert par la cime prolongée « de cette montagne, d'où il nous était aussi impos- « sible de voir l'ennemi que d'en être vus. Le canon « tonnait continuellement à l'aile droite, et nous n'en- « tendions que peu la mousqueterie. Il y eut près de « nous un village incendié qu'occupaient les Croates. « Nous étions dans l'inaction ; je me trouvais dans le « rang et vis-à-vis d'un arbre qui répandait beaucoup « d'ombre et sous lequel le colonel de Benckendorff, « du régiment du prince Charles, avait fait dresser sa « table. Cette circonstance s'est gravée profondément

fréquemment impossible de déterminer les causes qui font perdre contenance aux troupes.

Le maréchal de Villars rapporte qu'à la bataille de Friedlingen l'infanterie française, ayant

---

« dans ma mémoire, parce que les jambons et la can-
« tine du colonel faisaient sur moi plus d'effet que tout
« le reste. A peine finissait-il de vider ses bouteilles,
« qu'il arriva le long de la ligne un aide-de-camp du
« maréchal Daun, apportant aux brigadiers et aux
« colonels l'ordre de la retraite avec l'indication des
« lieux où nous devions prendre position et nous
« arrêter. Un moment après le colonel de Benckendorff
« gravit le sommet de la hauteur et revint avec des
« yeux enflammés, en disant : *L'ennemi marche à nous ;*
« *se retire qui voudra, et que les braves me suivent.* Aussi
« le suivimes-nous tous ; car nous étions tous des
« braves : nous autres Saxons donnâmes sur de l'in-
« fanterie, qui fut sabrée. Le régiment de S. Ignon,
« placé à notre gauche, suivit notre exemple, ainsi
« que tout le corps de cavalerie de Nadasty. La
« bataille fut gagnée, au lieu qu'elle aurait été per-
« due si nous avions exécuté l'ordre de l'aide-de-camp.
« Le grand problème à résoudre est de savoir si le
« colonel Benckendorff aurait tenté ce coup d'éclat
« avant d'avoir vidé sa dernière bouteille. Je dis que
« non : car je suis encore vexé de ce que cet homme,
« malgré le besoin de mon estomac, ait bu et mangé,
« à mon nez, sans faire la moindre attention à moi.
« Ainsi l'on peut, comme dans mille autres circons-
« tances dans ce bas-monde, attribuer à la bouteille
« le gain de la bataille de Collin. » (*Note de l'auteur.*)

presque totalement battu l'infanterie impériale,
la poursuivait à travers les bois jusqu'à une
plaine, lorsque tout à coup l'on entendit crier
nous sommes coupés.

Quelques escadrons que vit derrière elle cette
infanterie victorieuse et qu'elle prit, par erreur,
pour l'ennemi, la portèrent à fuir dans le plus
grand désordre sans être attaquée, et sans que le
maréchal ni les autres généraux pussent parvenir
à l'arrêter et lui faire faire front. Si, dans le même
moment, la cavalerie française n'eût pas battu
complétement celle des Impériaux, il est certain
que le maréchal de Villars aurait perdu la bataille.

L'histoire moderne nous fournit maint exemple de troupes qui, semblables à des murailles,
ne pouvaient être ébranlées ni enfoncées, qui
essuyaient patiemment le feu le plus vif, et qui se
retirèrent avec précipitation lorsque le général
ordonna la retraite.

Quel changement de scène quand on voit,
peu d'instans avant la fin du combat, des lignes
de bataille encore étendues, maintenant l'armée
en retraite, se perdre dans des colonnes profondes!
Le canon cesse de ronfler, tout rentre dans le
silence. L'on sent aisément l'effet que peut produire tout cela sur le moral du soldat. C'est la
psychologie de la guerre.

Une bataille est-elle irrévocablement perdue, toute tentative pour rétablir le combat devient inutile; les plus braves régimens y succombent, même avec l'avantage du nombre.

Les dispositions du cœur sont aussi variables que la fortune. L'homme se rebute et appréhende le danger dans tout effort où il n'entrevoit pas la chance du succès. Il n'y a que quelques caractères isolés d'une trempe ferme qui résistent; mais ils sont entraînés par le grand nombre.

Nous nous expliquons par là ces étonnans résultats de la bataille de Waterloo. La force morale des armées était la même; les Français y ajoutaient le motif de combattre pour leur existence : la force physique des alliés n'était pas supérieure le soir à celle des Français, qui déployèrent sur leur droite un corps d'armée qui n'avait point encore paru au feu, et qui cependant, voyant la ligne de bataille perdue, suivit le désordre et la fuite sans exemple du reste de l'armée.

A Jemmappe l'on aurait pu, avec 15,000 ou 20,000 hommes déterminés à arrêter l'ennemi victorieux ou à périr, empêcher les suites terribles de cette journée. Quelques coups de canon et la vue des Prussiens suffirent pour rendre la déroute générale.[1]

Où chercher ailleurs que dans le cœur humain les causes de tout cela ? La psychologie peut seule en fournir la solution.

Le moment de la victoire doit être préparé par de savantes dispositions. Le général en chef, lorsque le combat est engagé depuis plusieurs heures sur toute la ligne, cherche souvent à trouver dans celle de son adversaire un endroit faible : c'est là le vrai talent. C'est dans ce coup d'œil exercé que consiste le génie, et l'étude ne le peut donner. C'est une disposition qui doit naître avec nous : elle fait saisir non-seulement le moment de frapper les grands coups, mais encore la manière de disposer les forces pour agir sur *le véritable point* du combat et dans *le moment décisif*.

---

1 Les pertes énormes que les alliés ont éprouvées dans cette journée, prouvent de reste avec quelle valeur les Français ont combattu leurs innombrables ennemis. D'ailleurs, n'étaient-ce pas ces mêmes Prussiens que nous avions si souvent battus ? n'étaient-ce pas aussi ces Anglais qui n'avaient jamais osé nous attendre que derrière des retranchemens inexpugnables, et qui ne nous attaquaient que quand ils étaient les plus nombreux ? (*Note du traducteur.*)

Des généraux habiles pressentent le moment décisif, et lorsqu'ils reconnaissent la supériorité de forces de leur adversaire, ils cherchent à éviter cette crise en retirant leurs troupes du combat avant l'instant du choc et le dérangement de leurs lignes : c'est ce qu'on appelle *refuser la bataille*.

L'homme qui possède une ame exempte de passions, *un caractère vraiment guerrier*, est seul capable de prendre une pareille résolution et de l'exécuter avec habileté.

C'est une conduite semblable qui a illustré le prince royal (aujourd'hui roi de Wurtemberg), le 18 Février 1814, près de Montereau [1]. Le combat de Witepsk, en 1812, fut refusé par les Russes de la même manière.

Pendant que le vainqueur, satisfait d'avoir repoussé son adversaire, traverse triomphalement le champ de bataille, il reste au vaincu le temps d'opérer sa retraite sans grande perte et sans être inquiété, parce que ses régimens sont encore en ordre et en état de combattre.

---

[1] Les bulletins du combat de Montereau portent la perte du seul corps wurtembergeois à un général, 4 officiers tués, 31 pris ou égarés et 25 blessés : perte énorme, et qui donne à cette prétendue retraite volontaire toute l'apparence d'une déroute. (*Note du traducteur.*)

Par cette résolution, un général en chef ne perd pas plus la confiance de son armée que celle-ci ne se décourage elle-même, ainsi qu'il peut arriver quand on attend le moment décisif, où l'on risque de grandes pertes et souvent la destruction complète de l'armée.

On dit alors dans les bulletins d'armée, « que « par des considérations majeures l'on a changé « de position, pour en prendre une plus forte; » et souvent cela est vrai au point qu'on a vu des armées, qui s'étaient ainsi retirées, agir offensivement d'une manière imposante peu de temps après leur mouvement rétrograde.

Lorsque les deux partis ont fait les efforts les plus opiniâtres pour s'arracher la victoire sans y parvenir, qu'ils ont combattu sans résultat définitif, les deux armées n'ont pas tout-à-fait tort en s'attribuant chacune la victoire, puisqu'aucune n'a été vaincue. Les deux généraux en chef datent également leurs rapports du champ de bataille, et se retirent après cela tous deux, comme il est arrivé à Eylau en Février 1807.[1]

---

[1] L'armée française ne s'est point retirée après la bataille d'Eylau : le premier corps, commandé par le prince de Ponte-Corvo (aujourd'hui roi de Suède), et

La partie la plus difficile des combats de cava=
lerie est, sans contredit, l'art d'attaquer l'infanterie avec succès. Théobald veut qu'on attende
qu'elle présente des parties faibles en offrant des
ouvertures et du désordre.

Néanmoins, d'après les règles du mécanisme,
toute cavalerie qui s'ébranle devrait culbuter
une ligne d'infanterie, si, sans admettre de considérations psychologiques, l'on voulait regarder
les troupes comme des machines.

Toutefois, dans un cas urgent et lorsqu'il
s'agira de tenter un effort vigoureux, il est hors
de doute qu'une brave cavalerie, sous un chef
intrépide et pénétré de la nécessité de vaincre,
renversera toujours l'infanterie; mais un pareil
succès sera suivi d'une perte énorme.

D'après les progrès de la tactique moderne, et la
supériorité qu'elle assure à l'infanterie, il devient

---

dans lequel je me trouvais, s'est porté d'Eylau, où
il est arrivé le lendemain de la bataille, sur Kreutz-
bourg, d'où il a poussé des avant-postes jusques à deux
lieues de Kœnigsberg. Ce n'est que dix jours après ce
dernier mouvement que toute l'armée se retira pour
venir se reposer, prendre des cantonnemens derrière
la Passarge, et couvrir le siége de Dantzig, dont la prise
devait préparer les brillans résultats de la campagne
du mois de Juin suivant. (*Note du traducteur.*)

de jour en jour plus difficile à la cavalerie de l'attaquer avec avantage.

Cette nouvelle tactique de l'infanterie consiste dans la prompte formation des masses, et dans l'effet destructeur d'un feu bien entretenu. En conséquence il se présente, pour les attaques de la cavalerie contre l'infanterie, deux règles fondamentales, en supposant toutefois que cette dernière ait reçu par les circonstances des impressions assez fortes pour ébranler son moral : par exemple, des pluies continuelles, qui empêchent les armes de partir, ainsi qu'il est arrivé à *Dresde* et à *Grossbeeren,* en Août 1813; ou bien de longues privations et des échecs consécutifs. Dans ces cas la cavalerie n'a qu'à se présenter et marcher avec fermeté pour obtenir des résultats. Mais, quand l'infanterie est en possession de toute sa force morale, une charge en une seule ligne étendue réussira rarement. (On reviendra sur ce sujet dans le chapitre IX.)

Ici on peut admettre, comme une règle à suivre, qu'il faut 1.º faire précéder une charge de cavalerie sur de l'infanterie par la mitraille; 2.º éviter d'attaquer l'infanterie quand on la verra avantageusement postée, et qu'elle aura une de ces contenances fermes qui semblent dire *arrivez !* Il vaut mieux en ce cas que la cavalerie

5

cherche à surprendre l'infanterie pendant que celle-ci marche ou qu'elle manœuvre.

D'après cela, il est non-seulement prudent, mais il devient encore indispensable, quand l'infanterie montre une contenance assurée et n'offre point de prises, d'examiner, avant de se décider à l'attaque, si les pertes qu'on pourrait éprouver balanceraient le succès.

Dans ces cas on atteint souvent le même résultat en manœuvrant pour entourer l'ennemi : il est vrai qu'alors on ne jouit pas du spectacle d'un massacre. Il est des officiers qui attachent un grand prix à ces massacres, et qui attendent de la cavalerie une pareille scène dans toutes les occasions.

Il n'y a pas de spectacle plus imposant que de voir une ligne de cavalerie marchant courageusement à l'ennemi, culbuter l'infanterie, et, semblable à un ouragan, renverser sous ses pas ce qui ose lui résister.

Le 25 Mars 1814, à Lafère-Champenoise, plusieurs carrés français furent entièrement dispersés. [1]

---

[1] A la bataille d'Eylau les cuirassiers du général d'Hautpoul et la cavalerie de la garde mirent des carrés russes dans un tel état qu'on inventa l'expression : *piler un carreau*. (*Note du traducteur.*)

A la bataille de Dennewitz, le 6 Septembre 1813, la cavalerie prussienne battit deux régimens français.

Le 1.ᵉʳ Mai 1809, le régiment de dragons badois sous les ordres du colonel Heimroth attaqua, près de Riedau, un bataillon carré qu'il détruisit entièrement.

Le 26 Avril 1794, à la bataille de Cateau en Flandre, le colonel prince de Schwarzbourg, à la tête de six escadrons autrichiens et de douze escadrons anglais, attaqua une colonne d'infanterie française : 2000 hommes furent tués, 22 bouches à feu, 29 caissons, attelés de 136 chevaux, le général Chapuy, commandant de ces troupes, et 277 Français furent pris.

L'archiduc Charles battit, le 22 Août 1796, le général Bernadotte, près de Teiningen, avec sa seule cavalerie. [1]

---

[1] Murat fit capituler le prince d'Hohenlohe avec sa cavalerie seulement. Lasalle prit Stettin avec une brigade de cavalerie légère à peine forte de 800 chevaux, et sans canons.

A la bataille de la Bérézina le général Berckheim a sauvé l'armée par la belle charge qu'il a exécutée à la tête de 500 cuirassiers.

Le passage important de Samo-Sierra, quoique coupé et retranché, garni d'une infanterie nombreuse et de 12 bouches à feu, fut forcé, en 1808, par un esca-

Le maréchal de Saxe, en racontant qu'à la bataille de Belgrade il y eut deux bataillons autrichiens sabrés par un essaim de Turcs, s'exprime ainsi : « Hormis le comte de Neuperg,
« qui commandait ces deux bataillons, et qui,
« par bonheur, se trouvait à cheval, et un
« porte-drapeau qui s'attacha à la queue de
« mon cheval et me fut fort à charge, personne
« n'échappa. »

A Melazo, l'infanterie victorieuse des Autrichiens, malgré sa fermeté et son feu, fut entourée et taillée en pièces par la cavalerie espagnole.

L'électeur Frédéric - Guillaume le Grand battit les Suédois à Fehrbellin, quoiqu'ils fussent supérieurs en nombre, avec 5,000 chevaux seulement et 12 pièces de canons.

Le maréchal Catinat a écrasé, avec sa seule cavalerie, l'infanterie espagnole près de Marsaille.

A la bataille de Mons-en-Puelle, la cavalerie de Philippe le Bel tomba sur l'infanterie flamande,

---

dron de chevau-légers polonais de la garde. Ce fait d'armes extraordinaire mérite de passer à la postérité la plus reculée, et doit éterniser à jamais la poignée de braves qui a osé l'entreprendre. (*Note du traducteur.*)

dont la plus grande partie, ainsi que son chef Guillaume de Juliers, demeura sur le carreau.

L'histoire offre une foule d'exemples pareils ; mais elle en offre davantage encore d'attaques de cavalerie contre l'infanterie qui ont échoué.

A Waterloo, tous les efforts de la cavalerie française furent inutiles.[1]

C'est pourquoi il faut toujours, avant d'agir, observer avec soin si les indices sont favorables ; mais, comme il est dit au commencement de ce chapitre, cette connaissance du moment décisif ne peut être assujettie à aucune règle fixe, elle exige un talent inné : c'est la partie la plus diffi- cile de l'art de la guerre.

L'heureuse issue du combat dépend toujours des bonnes dispositions préalables qu'on a faites ; quiconque attaque sans ces dispositions indis- pensables, agit par passion, et la passion conduit ordinairement à la perte.

---

1 A Waterloo, comme partout ailleurs, la cavalerie française a fait tout ce qu'il était possible d'attendre d'un aussi petit nombre de braves : les troisième et quatrième régimens de lanciers détruisirent un régi- ment de cavalerie de la garde anglaise ; et tout le monde sait ce que fit la cavalerie française à Charle- roi, Ligny, et plus tard à Versailles. (*Note du tra- ducteur.*)

Losrque les dispositions pour le combat sont justes, qu'elles reposent sur les principes de la tactique et de la psychologie, toute indécision cesse; l'exécution en doit être marquée au coin de l'impétuosité, et de cette confiante intrépidité qui donnera toujours la victoire.

Cette impétuosité peut seule assurer des résultats brillans à la cavalerie. Le chef de cette arme doit avoir réfléchi avant le moment de la charge : aussitôt que la trompette a donné le signal, toute réflexion cesse; l'attention ne se porte plus qu'à enflammer et exciter les troupes au combat.

Dès ce moment, le général doit ressembler à un jeune homme fougueux, indifférent sur l'issue de ses actions, et imiter les comtes d'Alençon et de Flandre qui, à la bataille de Crécy, le 26 Août 1346, se précipitèrent sur l'ennemi à la tête de leur cavalerie, en criant : « *A la mort.* »

L'importance de certains jours sera sentie : c'est pourquoi, lorsqu'ils se présentent, les généraux, pour exalter le moral des troupes, leur rappellent leurs précédentes victoires. *Le soleil d'Austerlitz se lève !* s'écriait-on de toutes parts à la bataille de la Moskowa, le 7 Septembre 1812.

A la bataille de Vittoria, le 21 Juin 1813,

lord Wellington rappela à ses soldats qu'ils étaient les frères des héros de Trafalgar, et qu'ils avoient devant eux les vaincus de Salamanque.

L'histoire a recueilli les paroles mémorables qu'ont prononcées les généraux en pareille occasion. « Soldats, dit Bonaparte, à la bataille de « Marengo, à six heures du soir, en parcourant « les rangs; soldats, souvenez-vous que je suis « dans l'habitude de coucher sur le champ de « bataille! » La victoire, à ces mots, revint entourer ses drapeaux, qu'elle semblait vouloir abandonner.

Annibal et Scipion cherchèrent tous deux à exalter le moral de leurs troupes avant la bataille du Tessin. Le premier fit même combattre entre eux quelques prisonniers devant le front de son armée, afin d'enflammer ses soldats par la vue de ce combat. Il est incontestable que c'est une chose de la dernière importance d'animer autant que possible la force morale du soldat avant de le faire combattre.

Napoléon, partant de Paris pour la campagne de 1815, agit d'après ce principe, en faisant couvrir de crêpes funèbres les aigles de sa garde, et ordonnant que ces crêpes ne disparaîtraient qu'après la défaite de l'ennemi.

Souvent aussi la force morale du soldat s'accroît avec la restauration de ses forces physiques. Marlboroug paraît n'être jamais dévié de cette maxime. A la bataille de Hochstett (en 1704) il resta tranquillement dans sa calèche, occupé de sa toilette, répondant aux généraux qui venaient lui assurer que tout était prêt pour l'attaque : « Les vivres ne sont pas encore distribués. »

Avant la bataille de Leuthen, en Novembre 1757, Fréderic le Grand tenta tous les moyens pour retremper le moral affaibli de son armée de Silésie : il toucha le point d'honneur de ses officiers, parla individuellement aux soldats, et leur fit distribuer des vivres. Le vin ne fut pas épargné, et n'aida pas peu à rendre la confiance aux troupes abattues. [1]

Après un bon déjeûner on marche au combat avec beaucoup plus de courage qu'à jeun.

Le combat d'Ebersberg sur la Traun (3 Mai 1809) n'aurait point eu lieu, si Masséna n'eût pris auparavant à Lintz l'excellent déjeûner que la ville lui avait offert. [2]

---

[1] Voyez Histoire de mon temps, etc. (en allemand).

[2] Personne ne peut nier que les circonstances les plus ordinaires n'aient souvent amené de grands événemens à la guerre ; mais l'application qu'en fait ici l'auteur est exagérée. Masséna savait se battre avant comme après le déjeûner. On l'a vu avant le jour dans

Les combats qui s'engagent vers le milieu du jour sont toujours plus animés que ceux qui commencent au lever du soleil; mais ces derniers sont plus décisifs : une bataille dont le sort est décidé à midi, doit avoir pour celui qui la perd les suites les plus fâcheuses, parce que le courage s'épuise avec la force physique.

Celui qui s'est trouvé en pareille occurrence, doit croire au miracle de Josué : on s'imagine effectivement dans ces occasions que le soleil demeure en place.

Si, dans des temps plus reculés, des généraux ont poussé[1] jusqu'à la superstition la croyance qu'ils avaient dans certains signes, ils ont eu probablement pour but d'agir par là sur leurs troupes : il existe en effet dans le cœur de l'homme un sentiment qui le porte à vouloir

---

les rues à Zurich; à Gênes, il battit les Autrichiens avant de se mettre à table; on le vit à Essling, malade et blessé, se faire porter au combat sur un brancard. (*Note du traducteur.*)

[1] Wallenstein s'entourait d'astrologues; mais ce n'était pas seulement pour agir sur ses troupes : c'était bien parce qu'il croyait lui-même à la science de ces docteurs. L'astrologie a été non-seulement le faible de beaucoup de guerriers, mais même de beaucoup d'astronomes, témoin Claude Ptolémée. (*Note du traducteur.*)

conjecturer le bonheur ou le malheur qui l'attend.

Non-seulement la force physique s'épuise, mais la fortune est inconstante. Aussi long-temps qu'un guerrier jouit de ses faveurs, il résulte pour lui des événemens heureux des circonstances les plus insignifiantes ; mais, dès qu'il commence à être en butte aux caprices du sort, ses plus savantes dispositions échouent au moindre obstacle qu'elles rencontrent.

Si quelqu'un a jamais éprouvé la coïncidence de toutes les chances malheureuses, c'est bien Bonaparte à l'ouverture de la campagne de 1815, lui, si long-temps le favori de la fortune.

Ces grandes paroles de la Bible, *et ils étaient frappés d'aveuglement*, s'appliquent, pour ainsi dire, à la vie de chaque homme, grand et petit, célèbre ou ignoré : chacun a son moment de faiblesse où, jugeant mal de sa position, il se livre à des égaremens qui attirent sur lui le malheur, en le jetant hors de sa ligne.

Plus la position d'un homme est élevée, plus ce moment devient critique.

Ordinairement les bons capitaines pressentent le moment qui doit changer leur fortune.

C'est ainsi qu'Annibal pressentit la perte de la bataille de Zama : il voulut entamer des négociations ; mais le fier Scipion lui fit des conditions trop dures.

Tilly, jusqu'alors invincible, Tilly fut irrésolu et temporisa avant la bataille de Leipzig ; il y commit des fautes : un pressentiment secret lui annonçait son malheur.

Attila rétrograda judicieusement avec son armée devant les murs de Rome, quand un pressentiment semblable l'avertit qu'il trouverait dans cette ville l'opprobre et la mort.

Fréderic le Grand reconnut, dans la guerre de la succession de Bavière, que la fortune ne lui serait pas favorable.

Lorsqu'elle abandonne le général, il est temps qu'il s'enveloppe du manteau de la sagesse et de la modération, ou, pour mieux dire, *qu'il fasse la paix*.

Il est cependant difficile de reconnaître cette crise de la fortune et de se conduire en conséquence, et cela d'autant plus que les passions, notamment l'orgueil et l'ambition, ces dangereux alliés , aiment à s'associer, paralysent l'effet de la raison, bercent l'imagination de nouvelles chimères, et empêchent l'homme de calculer à tête reposée les événemens futurs : alors une imagination ardente se dérobe à la sage autorité de la raison, et finit par se perdre elle-même.

CHAPITRE V.

Organisation de la cavalerie.

Les annales de la guerre nous apprennent que de grands généraux n'ont transmis à la postérité le récit de leurs exploits que dans des mémoires peu détaillés, et presque toujours sans le développement des principes d'après lesquels ils ont opéré.

L'art de la guerre a long-temps reposé sur des usages et même des préjugés.

Les généraux qui furent en même temps auteurs, cherchèrent beaucoup plus à plaire qu'à instruire, ou peut-être n'entendaient-ils pas l'art d'instruire ; ils ne nous ont transmis par conséquent que des habitudes individuelles et leurs propres préjugés.

On n'a créé les systèmes de guerre qu'après que les grands événemens de l'histoire eurent eu des partisans différens. Tant qu'il n'y eut point de méthode fixe pour étudier cette science, et qu'on regarda la guerre comme *un métier*, il a dû nécessairement y régner une certaine anar-

chie de principes, chacun adoptant et défen-
dant les usages et les préjugés du modèle qu'il
s'était proposé. L'enthousiasme pour ce modèle
choisi augmentait en proportion du défaut de
jugement des admirateurs : moins un homme a
d'idées à lui, plus il défend vivement celles
d'autrui.

Ces premières périodes présentent un intérêt
particulier, en ce qu'elles marquent le commencement de la science. On y trouve non-seulement de grandes erreurs ; mais encore (ce qui
est une suite inévitable de l'anarchie dans les
principes) le déchaînement des partis les uns
contre les autres.

Brézé, entre autres, trouve très-mauvais que
Folard se déclare pour les petits escadrons, et
l'accuse de n'avoir pas le sens commun, parce
qu'il s'est permis d'avancer que ce qu'a dit le
grand Condé en faveur des escadrons nombreux,
n'était pas un article de foi. Il se fonde encore
sur ce que le prince de Condé, ayant souvent
combattu à la tête de la cavalerie française, devait
mieux en juger que Folard, qui ne s'est jamais
trouvé à la tête d'un escadron.

Il a dû naître nécessairement des paradoxes
de toutes ces théories qui ne sont pas le résultat de l'expérience. M. de la Balme attaque

bien plus vivement encore M. le chevalier Folard, et lui conteste toute espèce de jugement; il est en revanche soutenu par le marquis de Silva et par Bonneville.

Le premier veut qu'à défaut de cavalerie l'infanterie se couvre de chevaux de frise; le second, pour arrêter le choc de la cavalerie, veut qu'on donne de plus longs fusils aux soldats des second et troisième rangs.

Ces époques où l'on a cherché à établir certains usages et préjugés comme des maximes à suivre, prouvent le manque de principes solides. Elles ne sont pas aussi éloignées de nous qu'on le pense, et il faut convenir que malheureusement il existe encore de nos jours des préjugés sur l'organisation des troupes et la tactique; il est encore de fait que les différentes armes ont des préventions les unes contre les autres.

L'officier d'infanterie, pénétré de son importance et voyant que chaque combat en ligne favorise le développement des masses d'infanterie; que l'attaque, la prise et l'occupation de tout point fortifié d'une ligne, et en général le gain des batailles dépend des actions glorieuses des fantassins, est tenté de croire qu'à l'exception de quelque peu de cavalerie légère servant d'éclaireurs, on peut fort bien se passer de cette arme.[1]

L'officier de cavalerie, fier de voir dans l'histoire de tous les siècles que sans cavalerie il n'y a point de victoire éclatante; qu'une armée battue ne doit pas être envisagée comme telle, tant qu'elle n'est pas poursuivie par la cavalerie, et que toute victoire décidée par cette arme est complète, doit souvent tomber dans une présomption blâmable.

Ces deux armes portent moins de jalousie à l'artillerie, et si on la souhaite quelquefois bien loin, ce n'est que dans les retraites précipitées, où il devient difficile de la défendre et de la conserver.

A ces préventions viennent se joindre encore celles qui s'élèvent dans toute l'Europe contre les armées permanentes, et au milieu desquelles on n'est pas même d'accord sur cette question.

Les vieux soldats disciplinés de Philippe II, sous le duc d'Albe, s'écrie-t-on, succombèrent sous les coups du peuple hollandais qui s'arma pour sa liberté.

---

[1] Les batailles de Lutzen et de Bautzen, en 1813, ont pu convaincre les officiers d'infanterie les plus prévenus contre la cavalerie, de la fausseté de cette hypothèse. (*Note du traducteur.*)

Les Américains des États-unis ont résisté, pour conquérir leur liberté, aux troupes de ligne des Anglais.

Les fameuses armées de l'Allemagne, avec toute leur tactique, ne purent vaincre les levées en masse de la république française.

La belle armée prussienne succomba dans une seule journée sous ces mêmes soldats élevés par l'indépendance.

Mais, lorsque ces vieux soldats de la liberté furent ensevelis sur tant de champs de bataille, et que l'armée française eut reçu l'organisation des armées permanentes, dans lesquelles le soldat, sans exaltation, se borne à faire son devoir; les armées françaises, habituées à parcourir l'Europe en triomphe, furent en partie vaincues par les troupes de la landwehr que la haine et la soif de la vengeance avaient fait courir aux armes.

En Espagne, dit-on, les mêmes causes ont produit les mêmes résultats : une pareille guerre, commencée dans l'Amérique méridionale, pourrait se terminer de la même manière.

Ces faits, auxquels on s'arrête sans considérer les causes qui les ont produits, paraissent appuyer l'opinion qui se déclare contre les armées permanentes.

L'institution de la *landwehr*, telle qu'elle a

existé dans quelques états d'Allemagne, a été amenée par une crise politique et momentanée. Elle doit nécessairement décliner dans des temps plus paisibles et lorsque la crise est passée. A ces motifs se joint le calcul des dépenses occasionées aux peuples par l'équipement de cette troupe. Les réunions de la *landwehr* semblent d'ailleurs léser l'économie politique : les exercices ne pouvant avoir lieu que le dimanche, la religion et les mœurs en souffrent; le bonheur des familles en est troublé quelquefois, et par conséquent le bien-être de l'État est ébranlé dans ses fondemens.

Dix années de paix mettront les hommes de la *landwehr* au rang des anciens *soldats de ville,* et une armée de *landwehr* ressemblera aux pacifiques *armées des cercles* des temps passés !

Tout pays dont la défense reposera uniquement sur le système de la *landwehr,* succombera à la première agression inopinée.

La guerre seule, comme le prouve l'histoire, forme les bonnes armées. Combien de temps ne fallut-il pas pour aguerrir les Hollandais, et combien de fautes les Espagnols n'ont-ils pas commises avant que la révolution des Pays-Bas prît consistance?

6

Sans les secours de la France, les États-unis d'Amérique n'eussent peut-être jamais conquis leur liberté.

Les gardes nationales françaises ne furent victorieuses que par la mésintelligence des coalisés. [1]

La perte de la bataille d'Iéna fut moins le résultat d'une meilleure tactique que d'une stratégie supérieure. L'armée prussienne n'était pas formée en bataille; elle fut, au contraire, attaquée pendant sa marche et battue en détail.

En 1813 et 1814 les armées françaises ont succombé sous le nombre, en même temps que la fortune les abandonnait.

En Espagne, c'est lord Wellington qui a triomphé des Français, et non les Espagnols. [2]

---

[1] Au commencement de la révolution il restait, pour former et discipliner l'armée nationale, les débris de l'ancienne, surtout ceux de l'artillerie et de la cavalerie; seulement on augmenta, dans cette dernière arme, du double les régimens de chasseurs. L'opération judicieuse d'embrigader deux bataillons de volontaires avec un bataillon de ligne, fit de notre infanterie la première du monde. (*Note du traducteur.*)

[2] Le climat de l'Espagne, les privations et le défaut de communications, qui pesaient sur l'armée française, l'absence de toute espèce d'unité dans le commandement de cette armée, et surtout l'origine odieuse de

Les indépendans de l'Amérique méridionale n'ont des succès que parce qu'ils ont peu de forces à combattre.

Il faut des années de deuil, de dévastation et d'alarmes, pour exciter ce degré d'héroïsme qui peut seul produire de grands résultats.

L'héroïsme est une plante délicate qui ne croît que par des soins particuliers. [1]

La guerre, comme moyen extrême, exige des préparatifs; la politique et la science militaire doivent s'allier pour parvenir au but qu'on veut atteindre en la faisant.

Si le gouvernement, sans consulter les ressources de l'État, voulait créer une grande force militaire, et poser en principe que les frais qui en résultent sont indispensables, tandis que l'opinion générale serait contraire au système d'une force armée permanente qui absorbe une partie considérable de ces ressources, on se priverait

---

cette guerre, ont dû nécessairement amener les résultats désastreux qu'elle a eus pour la France ; mais, sans la diversion que l'Autriche fit en 1809, lord Wellington courait les risques de ne pas avoir un meilleur sort que son prédécesseur, sir John Moore. (*Note du traducteur.*)

[1] Le patriotisme et le besoin de l'indépendance la font croître spontanément. (*Note du traducteur.*)

de tous les avantages qui résultent de l'union de
la nation avec l'armée.

La prospérité d'un État est le but le plus élevé
d'un souverain : la sûreté extérieure est essentielle à cette prospérité; elle ne doit cependant
pas s'acquérir aux dépens de la prospérité in-
térieure.

Une armée permanente ne saurait jamais être
considérée comme un but, mais comme un
moyen secondaire.

Il importe donc de donner à l'armée une organisation guerrière, et telle que non-seulement un petit nombre de citoyens, mais que
toute la population soit formée pour la guerre:
chaque homme en état de porter les armes doit
être obligé de servir un certain nombre d'années.

Un État ne peut attendre la défense de sa
liberté que de ses jeunes citoyens; mais il faut
pour cela qu'ils soient faits au métier des armes,
ce qu'on ne peut obtenir qu'en les éloignant de
leurs foyers, au moins pendant une année.

Dans une pareille institution militaire, cette
portion de la population qui a l'honorable et
importante mission d'exposer sa vie et son bien
pour la sûreté extérieure, trouverait sa véritable place.

Le soldat, après l'expiration du terme fixé pour son service, rentrerait de la *ligne* dans la *milice*, qui n'aurait d'autre destination que la défense du territoire contre une invasion. Par cette disposition la défense d'un État comprendrait deux branches, l'une *offensive*, l'autre *défensive*.

Aucun État ne peut s'isoler et prendre exclusivement l'offensive ou la défensive; ces deux systèmes doivent se lier entre eux, et nous nous bornons à indiquer ici cette distinction.

La cavalerie figure dans l'armée comme force offensive; l'infanterie comme force défensive : en conséquence il est généralement reconnu qu'il faut conserver la cavalerie, même au milieu de la paix. Ce principe a eu l'assentiment de ceux-là même qui sont de l'avis qu'un État peut atteindre le but de sa conservation par un système exclusivement défensif.

La cavalerie demande avant tout une bonne organisation; elle ne peut être formée spontanément au moment où une guerre éclate.[1]

---

[1] Cette vérité a été prouvée jusqu'à l'évidence par la formation de nos régimens provisoires, composés d'enfans et montés sur des chevaux neufs. Aussi est-il impossible de calculer les sommes énormes qu'a dû

Il y a sur la constitution de la cavalerie autant d'opinions diverses qu'il existe de points de vue différens sous lesquels cette arme peut être considérée.

Plusieurs périodes de cette constitution s'étant écoulées, et après qu'on fut revenu de l'ordre profond à l'ordre étendu, on s'est enfin convaincu que le premier rang seul peut agir dans une charge en ligne (ou choc), et que ce rang ne peut recevoir des autres, qui sont placés derrière lui, aucune impulsion, aucune augmentation de célérité, comme cela serait praticable peut-être pour l'infanterie.

Le résultat de l'expérience de tous les siècles veut que la cavalerie de toutes les armées euro-

---

engloutir un pareil système, enfanté par le génie du mal.

Cependant des gens qui croient se faire une réputation de bons serviteurs en faisant beaucoup de bruit, criaient contre la cavalerie, et cherchaient à démontrer son inutilité, parce qu'ils n'étaient pas en état de la conduire.

La formation des régimens de gardes d'honneur, en 1813, est venue compléter le tableau, et prouver que la meilleure volonté et le courage ne peuvent remplacer, dans la cavalerie, le temps qu'il faut pour s'y former. (*Note du traducteur.*)

péennes (celle des Turcs exceptée) soit formée sur deux rangs.

Il serait facile de prouver, par l'histoire de toutes les époques de cette arme, l'utilité de cette disposition ; nous nous arrêterons aux temps actuels.

Les Anglais, les Français, les Hanovriens, etc., se forment en compagnies, dont deux constituent un escadron. La force d'une compagnie est ordinairement de 75 à 80 chevaux, par conséquent celle d'un escadron de 150 à 160 chevaux. [1]

Les Autrichiens sont formés en escadrons, dont deux composent une division : la force de leurs régimens nécessite cette organisation, et celle d'une division s'élève souvent de 3 à 400 chevaux. De tout temps la cavalerie prussienne fut divisée en escadrons de 120 à 170 chevaux.

Quelque variété qu'on puisse rencontrer dans ces différentes organisations, on ne doit jamais perdre de vue que dans toute organisation mi-

---

1 Depuis 1815 les compagnies sont supprimées dans la cavalerie française. L'on a judicieusement constitué la cavalerie de toutes les armes en escadrons, commandés chacun par un capitaine-commandant. (*Note du traducteur.*)

litaire il faut considérer comme essentiel tout ce qui favorise la *tactique* et l'*économie*.

Nous établirons à ce sujet les principes suivans :

1.º Un régiment qui excède 1000 chevaux, perd en vélocité ce qu'il pourrait gagner du côté de la force.

Le colonel ne peut, ni sous le rapport de la discipline ni sous celui des manœuvres, exercer la surveillance nécessaire.

2.º Un régiment au-dessous de 700 chevaux manque de force pour l'attaque, et quelques combats l'affaiblissent au point qu'il ne peut plus occuper sa place en ligne.

3.º Il en est de même des escadrons au-dessus de 250 chevaux et de ceux au-dessous de 150.

La division d'un régiment en quatre escadrons paraît être la plus favorable à la mobilité.

L'escadron aura quatre pelotons, le peloton deux sections, outre sa division en quatre fractions de quatre files chacune.

La division par quatre est très-commode ; elle facilite la répartition : elle était déjà en usage chez les Grecs.

Le nombre quatre, donnant un diviseur carré, simplifie la formation ; en l'adoptant, l'escadron contiendra 128 simples cavaliers.

Cette organisation et le mot de *régiment* sont d'origine allemande. Le prince Maurice d'Orange donna ordre à certains officiers de lever des cavaliers en Allemagne , et il les revêtit du commandement absolu avec toutes ses attributions. Les colonels nommèrent ces troupes, qu'ils avaient formées, leur *régiment*.

On divisa le régiment en quatre parties, appelées chacune escadron (*Rittschaft*); chaque escadron fut commandé par un capitaine-commandant (*Rittmeister*).

Le colonel eut un suppléant pour le remplacer en cas d'absence ou de maladie, le *lieutenant-colonel*. Plus tard il y fut joint un officier qui dirigeait le service intérieur et celui des avant-postes; ce fut le *major*. [1]

Le capitaine (commandant de l'escadron) [2] eut également un lieutenant et un maréchal-des-logis. Le cornette porta l'étendard.

Chaque régiment se composait de quatre escadrons, ne formant jamais plus de 1000 chevaux.

---

[1] Nommé en allemand primitivement *Wachtmeister* (maître ou inspecteur des gardes), puis *Obrist-Wachtmeister* ou *Major*. (*Note du traducteur*.)

[2] En allemand *Rittmeister*, maître ou commandant d'escadron, parce que l'ancien mot allemand *Ritte* signifiait escadron ou compagnie. (*Note du traducteur*.)

Déjà les Grecs et les Romains adjoignirent à leur cavalerie de ligne de petites troupes de cavalerie légère, les archers et les frondeurs. Les anciens chevaliers étaient accompagnés d'écuyers et d'archers.

Louis XIV tira des compagnies quelques-uns des meilleurs cavaliers et des plus habiles tireurs, pour en former des pelotons qu'il nomma *carabiniers*, et on les employa comme *flanqueurs*.

Les hussards hongrois peuvent être considérés comme la véritable cavalerie légère européenne. Les termes d'*escarmouches*, *escarmoucher*, tirent leur origine de leur manière de combattre.

La cavalerie prussienne et hanovrienne adopta le sabre comme arme principale, et forma pour tirailler un certain nombre des cavaliers les plus agiles.

Les Français avaient attaché, dans la campagne de Russie, en 1812, des corps de lanciers à leurs divisions de cuirassiers.

Les Cosaques se sont fait remarquer de nos jours. On conçoit facilement les services que peuvent rendre un certain nombre d'éclaireurs, lorsqu'ils sont bons cavaliers et qu'ils ont atteint l'instruction nécessaire pour combattre à rangs ouverts, à la débandade.

Mais, comme des régimens entiers, tant sous

le rapport du personnel que du matériel, ne sauraient jamais atteindre ce but (surtout dans les pays où il n'y a point de cavalerie nationale, comme chez les Mamelouks, les Cosaques, etc.), il paraît préférable de choisir à cet effet ceux qui annoncent les meilleures dispositions.

Si l'on formait des escadrons entiers d'éclaireurs ou de flanqueurs, ils seraient bientôt ce qu'étaient les compagnies d'élite ou escadrons-colonels[1], qui ne servaient que pour la parade et n'étaient d'aucune utilité particulière à la guerre.

La mesure de tirer du régiment les hommes et les chevaux pour ces escadrons d'éclaireurs, serait d'une exécution difficile et resterait toujours imparfaite. Tout commandant d'escadron regardera toujours comme perdu pour lui ce

---

1 En allemand, *Leib - Schwadron*. On a cependant fini par reconnaître en France l'inutilité et l'inconvénient des compagnies d'élite dans la cavalerie : non-seulement elles ne présentaient aucune espèce d'avantage ; mais encore, dans beaucoup de régimens, elles étaient le sujet des plus criantes injustices, ne faisant pas le service des avant-postes, et n'étant employées que pour la garde des colonels, dont quelques-uns disaient même, en parlant de ces compagnies, *ma garde*, et en appelaient les officiers *capitaines des gardes*. (*Note du traducteur.*)

qu'on lui ôtera de sa troupe, quoique cela doive tourner au bien général; il cherchera en conséquence, par toutes sortes de moyens, à conserver les hommes les plus sûrs et les meilleurs chevaux. Il en agira tout autrement quand il formera pour lui un cinquième peloton (d'éclaireurs), qu'il regardera comme devant lui rendre bon service et contribuer à sa gloire. Si un escadron est détaché, ce peloton s'y joindra.

Le capitaine commandant pourra faire dans son escadron les changemens qu'il jugera nécessaires, lorsqu'il verra que quelqu'un de ses éclaireurs n'aura pas répondu aux espérances qu'il en avait conçues, ou que par mauvaise conduite il se sera rendu indigne de rester éclaireur.

Cependant on n'exige pas ici que tous soient parfaits; seulement il faudra choisir les éclaireurs parmi ceux qui auront acquis le plus d'instruction, et qui approcheront le plus de la perfection.

C'est de cette manière que cette institution parviendra à un degré de perfection que n'atteindront jamais les escadrons entiers d'éclaireurs, ou les régimens de troupes légères. Toutefois, dès que le régiment manœuvrera en présence de l'ennemi, ces pelotons d'éclaireurs se-

ront réunis et formeront un escadron à la disposition du colonel. Pour tout ce qui a rapport
à l'administration et à l'instruction, ces éclaireurs appartiendront à leur escadron ; mais,
lorsque le régiment montera à cheval, soit pour
manœuvrer soit pour combattre, ils formeront
un escadron séparé , sous le commandement
d'un capitaine en second.

De cette manière un colonel aura sous son
commandement deux genres d'armes, un régiment de ligne consistant en quatre escadrons
pour agir en colonne serrée ou en ligne, et un
escadron de quatre pelotons de cavalerie légère
pour servir de tirailleurs.

Ce système réunit la manière de combattre en
ligne et en tirailleurs à un haut degré de perfection.

Le combat en ligne consiste dans le choc
d'une troupe, dont le premier rang a la lance en
arrêt, le second le sabre levé : ce combat doit
s'exécuter avec cette impétuosité qui a toujours
été suivie de brillans succès.

La *carabine* ou le *mousqueton* est l'arme
principale du combat à rangs ouverts ou des
tirailleurs ; elle peut produire un effet meurtrier
dans des mains habiles.

Gustave - Adolphe a regardé comme prati-

cable pour la cavalerie de se servir de la carabine tout en exécutant le choc, et en conséquence il a placé des pelotons d'infanterie dans
les intervalles de sa cavalerie. Depuis la bataille
de Mollwitz cet usage a été abandonné, à raison
de son incommodité et des dangers que courait
l'infanterie[1]; mais on atteindra, par le système
que l'on développe ici, les mêmes avantages, sans
en rencontrer les inconvéniens.

Ces pelotons d'éclaireurs ne devront jamais
entrer en ligne avec le régiment.

Il résulte de là qu'outre la réunion des deux
armes, le soutien mutuel que se donne la cavalerie lui fournira une force qui ne pourra manquer d'avoir les suites les plus importantes.

Pendant que le régiment exécutera une charge,
les éclaireurs attaqueront l'ennemi en flanc et à
revers; ils prépareront l'attaque de leur régiment en exécutant sur la ligne ennemie un feu

---

1 Cette idée n'appartenait pas à Gustave-Adolphe.
Il est bien plus probable qu'il a voulu imiter la conduite des généraux de Charles-Quint, qui, à en croire
les historiens, ont triomphé de la gendarmerie française à Pavie, parce qu'il y avait des pelotons d'arquebusiers à pied mêlés à la cavalerie impériale; mais,
ce qui pouvait être bon dans des temps aussi reculés,
devenait une disposition fautive à l'époque de la bataille de Mollwitz. (*Note du traducteur.*)

entretenu, qui la fatiguera et y mettra la désunion. Comme ils sont les mieux montés, ils agiront avec d'autant plus de résolution.

Dans les retraites leurs services seront encore d'une plus grande importance.

Que l'on n'infère pas de là qu'ils ne soient d'aucune importance dans une bataille rangée, et qu'ils n'y produisent pas d'effet : à la vérité, ils ne décideront pas seuls du sort d'une bataille ; mais ce n'est pas ce qu'on exige des troupes légères.

D'après les circonstances on peut réunir, pour des opérations isolées et hardies, les pelotons d'éclaireurs d'une partie ou de toute l'armée.

Quiconque sait, par sa propre expérience, combien il est difficile de réussir à former un bon éclaireur ; qui a concouru aux peines et aux soins qu'il en coûte pour achever une pareille éducation, qu'on ne peut pas même espérer de voir réussir pour des régimens entiers, reconnaîtra sûrement l'utilité des pelotons d'éclaireurs.

Ces éclaireurs, ou cinquièmes hommes, seront, sous le rapport du matériel comme sous celui du personnel, une véritable troupe d'élite, et de plus un levier puissant pour exciter l'émulation du soldat.

Aussitôt que le régiment sera formé, les quatre pelotons de tirailleurs des quatre escadrons formeront un escadron qui, pour les revues ou parades, sera placé à la droite du régiment. (Pl. 2, fig. 1.ʳᵉ)

Pour le combat, les pelotons de tirailleurs des deux premiers escadrons seront derrière la droite ; ceux des deux derniers escadrons, derrière la gauche du régiment. (Pl. 2, fig. 2.)

Par là les escadrons obtiendront un degré de force peu connu jusqu'à présent.

L'effectif d'un escadron, non compris les officiers, serait à peu près composé ainsi qu'il suit :

1	Maréchal-des-logis chef ;
1	Fourrier ;
5	Maréchaux-des-logis ;
5	Trompettes ;
10	Brigadiers ;
10	Sous-brigadiers ou appointés ;
32	Éclaireurs ou tirailleurs ;
128	Cavaliers ;
2	Chirurgiens ;
2	Maréchaux-ferrans ;
1	Sellier ;
10	Hommes au-dessus du complet, pour remplacer les premières pertes qu'on éprouve toujours après quelques jours de marche.

Total... 207 hommes.

L'effectif d'un régiment de cavalerie, sur le pied de guerre, sera, y compris l'état-major, de 860 à 870 chevaux.

Lorsque trois régimens seront réunis pour former une brigade, on aura, en entrant en campagne, une force de 2500 chevaux, dont quatre cinquièmes de cavalerie de ligne et un cinquième de cavalerie légère.

Un pareil corps, lancé à propos, décide souvent d'un combat.

Le commandant d'une pareille brigade pourra tenter avec confiance toute espèce d'entreprise: pendant qu'il manœuvrera avec sa masse forte de deux mille lanciers, ses chevau-légers couvriront ses flancs et ses derrières.

CHAPITRE VI.

Suite.

On compte que trois chevaux de front occupent le même espace qu'un cheval dans sa longueur ; qu'un cheval tient un pas de front et trois en profondeur, le pas mesuré à deux pieds et demi. [1]

Afin d'avoir entre les rangs l'espace nécessaire pour manœuvrer (car le terrain sur lequel on manœuvre en présence de l'ennemi, ressemble rarement aux plans d'exercice qu'on occupe en temps de paix), on ajoute deux pieds à la profondeur : ainsi quatre largeurs de cheval donnent une *profondeur* de cheval.

Le résultat de ce calcul conduit à la *division par quatre,* qui a trouvé de tout temps des

---

[1] Nous comptons en France qu'un cheval occupe un mètre de front et trois en profondeur, proportions qui varient selon la taille des chevaux des différentes armes. Quant à l'espace occupé de front, il est certain que c'est à tort que l'ordonnance française donne un mètre ; d'un autre côté, il n'est aucun cheval qui n'occupe de front au moins deux pieds quatre pouces ou trois quarts de mètre. (*Note du traducteur.*)

antagonistes à cause de la difficulté qu'éprouve le second rang[1] à reculer.

Ce reculement du second rang fatigue non-seulement les chevaux, mais encore il devient à peu près impraticable sur un terrain maréca-geux ou inégal.

Ces inconvéniens donnèrent au général Kalk-reuth l'idée de la *division par trois,* qui pré-sente l'avantage de pouvoir s'opérer au moyen du reculement presque imperceptible du cavalier N.° 1 de chaque division pendant la conversion.

On adopta ailleurs cette méthode suivie par la cavalerie prussienne.

L'expérience a cependant démontré que, dans les marches de flanc par trois, les distances se perdent, ou que les chevaux se donnent des atteintes.

Les deux systèmes présentent également des défectuosités, surtout dans les déploiemens de colonnes serrées, seul moment où la marche de flanc par quatre ou par trois soit importante.

---

1 Dans toutes espèces de conversions par quatre et qui s'exécutent par conséquent à pivot fixe, les pivots doivent s'arrêter au commandement de *marche,* et tour-ner sur les épaules de leurs chevaux, en rangeant promptement, de la jambe du côté du pivot, la hanche de leur cheval. Il n'y aura point, de cette manière, de reculement ni par quatre ni par trois. (*Note du trad.*)

Le *demi-tour* par quatre ou par trois n'est guère praticable en présence de l'ennemi, parce que les commandans de peloton sont derrière le front de leur troupe, et qu'en pareille occurrence le colonel d'un régiment est dans la dépendance de la bonne volonté du second rang.

A la bataille de Dennewitz (le 6 Septembre 1813), un régiment de chevau-légers de l'armée du maréchal Ney exécuta le demi-tour à droite par quatre sous le feu de la mitraille et en présence d'une cavalerie nombreuse qui le suivait de près. C'était un régiment éprouvé et aguerri, commandé par d'anciens officiers, et qui avait combattu glorieusement, huit jours avant, un ennemi quatre fois plus nombreux.

Il fit sa retraite au pas et sans le moindre désordre ; mais il ne s'arrêta pas. Ce ne fut qu'après que le colonel et les officiers eurent passé devant le second rang, qu'il fit halte et obéit au commandement.

Aussi beaucoup d'officiers de cavalerie préfèrent devant l'ennemi les manœuvres par pelotons.

Ces réflexions conduisent à la division des demi-pelotons ou sections. Dans le système proposé au chapitre précédent, les pelotons sont de seize files, par conséquent les sections de huit; or, avec une troupe de huit files on peut converser dans toutes les directions, soit en ligne, soit en colonne, et pour la marche de flanc on n'aura, comme dans l'*à droite par quatre*, que huit hommes de front.

Les chefs de pelotons resteront dans les demi-tours par sections devant leurs pelotons, en ce qu'ils converseront avec l'une de leurs sections; dans la marche de flanc ils se tiendront du côté de la ligne de bataille (ou, pour mieux dire, des guides).

Par cette division, conçue dans les règles de la tactique, on pourra non-seulement se passer, pour les manœuvres, des mouvemens par quatre ou par trois; mais encore, en simplifiant les mouvemens, on leur donnera plus de célérité et de justesse.

On conservera la division *par deux* et *par quatre* pour les colonnes de route seulement.

Il faut encore répondre à ceux qui prétendent que les pelotons de seize files sont trop forts, et que ceux à douze files sont plus propres aux manœuvres.

C'est tout le contraire.

La marche au trot en colonne par pelotons est considérée comme un des mouvemens les plus difficiles de la cavalerie, et la cause en est

le trop peu d'étendue du front des pelotons ordinaires de douze files ; car ce mouvement s'exécute facilement par escadrons.

De là vient qu'on entend continuellement les colonels crier dans les manœuvres : « *Les distances, Messieurs ; ne perdez pas les distances.* » Mais elles se perdent communément à chaque point de conversion. Il en résulte *du flottement,* et le mouvement s'exécute mal.

Plus il y a de régimens et plus la colonne a de profondeur, moins il est facile de maintenir l'ordre et la régularité dans le mouvement.

Cela s'explique facilement.

Un peloton de douze files, y compris son sous-officier guide, a treize pas de front.

En colonne par pelotons on compte quatre pas de profondeur pour le cheval du chef de peloton, et huit pour les deux rangs ; ce qui fait douze pas, en sorte qu'il n'en reste qu'un pour la distance.

Une marche en colonne par peloton de douze files est, à proprement parler, une marche en colonne serrée.

On conçoit aisément que cette marche doit rencontrer, au trot ou au galop, de grandes difficultés, et qu'à chaque changement de direction il doit s'en suivre des *refoulemens.* C'est pour cela que la cavalerie saxonne manœuvre par demi - escadrons. [1]

En adoptant les pelotons de seize files, qui auront avec leurs guides dix - huit pas de front, on ne pourra qu'obtenir des avantages sans avoir à craindre des difficultés.

Les officiers de cavalerie doivent, dans toutes les circonstances, se trouver devant le front[2], et ce n'est que dans les manœuvres de retraite que le colonel et les commandans d'escadron resteront derrière le front, c'est-à-dire, du côté de l'ennemi, afin de ne jamais le perdre de vue et pour rester maîtres de saisir le moment d'agir.

Un bataillon d'infanterie qui, en 1814, se retirait en colonne serrée pendant un combat très-

---

1 De même la cavalerie autrichienne, qui manœuvre très-bien, exécute presque tous ses mouvemens de colonne par demi-escadrons. (*Note du traducteur.*)

2 Je n'entrerai ici dans aucun détail pour combattre cette opinion, sur laquelle on n'est pas d'accord, et qui est à envisager sous deux points de vue différens; je me propose de présenter mes idées sur les manœuvres et surtout sur l'ordre de bataille de la cavalerie, dans un ouvrage que je ne publierai cependant qu'après avoir consulté sur un objet aussi important les officiers de l'arme les plus instruits que je connaisse. (*Note du traducteur.*)

vif, fut atteint et sabré par la cavalerie, qui le poursuivit pendant qu'il traversait un défilé, parce que le commandant du bataillon se trouvait à la tête de la colonne, d'où il ne pouvait rien voir, au lieu de se trouver à la queue.

Ceux qui préfèrent que les officiers soient placés dans le rang, donnent pour raison, que le front est plus dégagé et présente un plus beau coup d'œil, ce qui n'est pas encore bien prouvé; mais quand cela serait, l'utilité doit l'emporter sur toute autre considération.

Les officiers de cavalerie sont *les chefs* et *l'ame* d'une ligne; ils doivent, surtout dans une arme qui agit beaucoup plus par la force morale que par la force physique, être placés de manière à pouvoir exercer librement leur influence.

Placés dans la ligne, les officiers sont confondus parmi les combattans, et ne paraissent plus comme chefs.

La cavalerie prussienne, qui, à raison de ses actions brillantes, peut être citée comme modèle, a toujours eu ses officiers placés devant le front. Les anciens chevaliers se trouvaient en avant de leur bannière.

On ne peut s'arrêter à la considération que par cette disposition les officiers courent de plus grands dangers. Une armée qui compterait pour quelque chose le plus ou moins de sûreté des officiers, ne donnerait pas d'elle une haute idée; on sait d'ailleurs qu'il n'y a d'autre assurance contre les coups de feu que le hasard.

Par-contre, les avantages du placement des officiers devant le front sont frappans; ils entraînent leur troupe, dans le véritable sens du mot, et, si les chefs sont braves, toute la ligne se comportera en braves. Les officiers, en vue de leur troupe, joueront toujours un rôle brillant dans la charge; la noble ambition d'être admirés de leurs subordonnés, les enflammera: ils seront alors ce qu'ils doivent être, *l'exemple* du soldat.

La force morale d'un régiment consiste dans la confiance mutuelle des chefs et de la troupe.

Le colonel d'un régiment est l'ame de cette force morale.

Quel régiment que celui où les chefs et les soldats sont animés d'une confiance réciproque et illimitée, guidés par le noble motif de l'honneur et de la gloire! Ce serait une famille de guerriers.

On n'est pas encore d'accord sur l'arme qu'il convient de donner à la cavalerie. Le sabre a dans sa forme de grandes variétés: celui qui est propre à frapper du tranchant et de la pointe, paraît offrir le plus d'avantages ; le cavalier doit savoir frapper d'estoc et de taille, et en attendre autant de son adversaire.

Ce n'est qu'accidentellement qu'on se sert du pistolet, dont le coup est incertain, de courte portée et de peu d'effet. Un seul pistolet suffit au cavalier ; la fonte qui restera vacante, pourra être employée à contenir les effets de pansage.

Le mousqueton est une arme importante pour le combat en tirailleurs. Des épreuves ont démontré que la carabine rayée, difficile à charger, ne peut être d'un bon usage pour la cavalerie.

Par un cliquet adapté à la platine, on pourrait donner au mousqueton le jeu et la facilité de détente sans laquelle on ne peut tirer juste. Un ressort qui tiendrait le chien en repos, parerait au danger que pourrait causer le trop de jeu de la détente.

La lance ne peut servir que pour le choc et pour les charges en muraille. Cette arme, de onze pieds de long, est la véritable arme offensive de la cavalerie contre l'infanterie.

Les cuirassiers français ont fait époque dans l'histoire des guerres modernes ; leur intrépidité a sauvé l'armée de sa perte totale à Essling, le

21 Mai 1809. Si on les eût armés de lances, à la manière des chevaliers, ils eussent approché d'une cavalerie parfaite; avec la force morale dont ils étaient animés, aucune infanterie n'aurait pu leur résister.

L'usage de la lance longue, en ligne, fournira à la cavalerie la possibilité d'attaquer l'infanterie avec succès.

En Espagne et en Portugal l'infanterie anglaise, sous Wellington, n'appréhendait que les lanciers.

L'arme principale du tirailleur ou éclaireur sera donc le mousqueton, dont on lui apprendra à se servir, à ajuster et à tirer à cheval.

Le cavalier destiné à combattre dans le rang et en ligne, aura pour arme principale une lance de onze pieds de long, à l'instar de la cavalerie polonaise.

Il n'entre point dans le but qu'on s'est proposé dans cet ouvrage, de traiter de tous les objets concernant la cavalerie, tels que l'habillement, l'harnachement, etc.; ils dépendent du caractère des peuples, du goût et de la volonté des chefs des armées: on se contentera de dire quelques mots sur le recrutement et les remontes.

Il est important de choisir pour la cavalerie,

ou des enrôlés volontaires, ou des fils de laboureurs habitués de bonne heure à manier des chevaux [1] : pour devenir bon marin, il faut avoir été sur mer dès l'enfance. Que peut-on attendre du fils d'un fabricant de bas ou d'un tisserand, qui regardera le cheval comme un animal sauvage? L'expérience a prouvé que de pareils hommes ne se sont jamais attachés à leur cheval; qu'ils l'ont au contraire envisagé comme leur premier et leur plus grand ennemi, contre lequel ils avaient à lutter continuellement : ils n'apprendront jamais à monter à cheval; ils seront, au contraire, huchés sur leurs chevaux comme une masse inerte et informe, qui, pour se maintenir en équilibre, emploîra inutilement la meilleure partie de ses forces, lesquelles, par conséquent, seront bientôt épuisées.

C'est par cette raison qu'on trouve toujours dans un escadron des chevaux qui, même pendant les temps de repos, suent et se fatiguent

---

[1] C'est surtout dans notre belle Alsace qu'on est obligé de reconnaître cette vérité. Les enfans, à l'âge de sept à huit ans, montent souvent les chevaux les plus indociles et savent même les panser. J'éprouve, comme Alsacien, un serrement de cœur toutes les fois que je vois un de mes compatriotes porter un fusil et un havresac. (*Note de traducteur.*)

beaucoup. Le cheval finit par se roidir contre la main dure et mal-adroite de son cavalier, s'arme du mors, se jette de côté, fait des bonds, etc. Le cavalier, dont l'embarras et la peur augmentent, se cramponne par les genoux et les talons, afin de ne pas tomber.

De cette façon le cheval le plus doux finit par devenir ombrageux, et cherche par tous les moyens à se débarrasser de son fardeau.

Un cavalier aussi mal-adroit met quelquefois tout un escadron en désordre, ce qui peut avoir des suites fâcheuses, surtout dans une charge, outre qu'un homme qui n'est pas maître de son cheval, ne peut faire aucun mal à l'ennemi.

Le choix des chevaux n'est pas d'une moindre importance. On devrait avoir dans les monarchies des haras militaires où les chevaux seraient élevés comme sauvages, et n'entreraient à l'écurie qu'au moment où ils seraient reçus dans les régimens.

En temps de paix, entre autres soins qu'on donne aux chevaux, on empêche qu'ils ne s'échauffent trop, afin d'éviter les refroidissemens, et, lorsque l'on entre en campagne, on les traite au contraire sans aucun ménagement, en les faisant bivouaquer souvent sans nécessité. Quels

extrêmes et quelle contradiction ! « La cavalerie,
« dit le maréchal de Saxe, doit avoir des che-
« vaux légers et faits à la fatigue ; elle ne doit
« être chargée que de peu de bagages, et n'avoir
« jamais des chevaux trop massifs ni trop en-
« graissés. »

CHAPITRE VII.

Position de la cavalerie.

Certaines positions sont prises pour combattre, et d'autres hors du champ de bataille.

Par positions *hors du champ de bataille* on entend les *cantonnemens*, les *camps*, les *bivouacs*.

Dans les positions de campement, la cavalerie ne doit jamais avoir trop près derrière elle des obstacles de terrain, des défilés, marais, lacs, forêts, rivières, villages, etc. ; car, s'il arrive une attaque imprévue ou une surprise nocturne, on court le risque d'être honteusement culbuté dans un de ces obstacles de terrain, sans qu'on ait eu le temps de se former.

Par la même raison on n'assigne jamais dans les cantonnemens le *rendez-vous d'alarme* du côté de l'ennemi, mais en arrière des bourgs ou des villages.

L'infanterie, au contraire, défend plus sûrement une ville, un village ou un défilé, à son entrée qu'à la sortie.

Des positions habilement choisies forcent souvent l'ennemi à abandonner la sienne, ou bien à renoncer à ses projets d'attaque.

Le général Moore, dans sa célèbre retraite sur la Corogne, sut si habilement choisir ses positions, que les Français, malgré leur nombre, n'osèrent jamais l'attaquer. [1]

Wellington fut inattaquable dans sa position de Lisbonne.

Le camp de Fréderic le Grand, à Bunzelwitz, ceux de Gustave-Adolphe, près de Verben et Nuremberg, et celui de Wallenstein, non loin de cette dernière ville, nous paraissent les plus beaux modèles à citer en ce genre.

—————

Quant aux *positions pour le combat*, ce serait le cas de déterminer si les intervalles entre les escadrons sont utiles et nécessaires.

Il n'est pas absolument indispensable de les conserver; cependant la méthode de formation de la majeure partie de la cavalerie européenne parle en faveur de leur utilité.

Les Autrichiens ont des intervalles entre leurs divisions, les Français entre leurs escadrons; il en est de même de la cavalerie des autres pays.

—————————

[1] Il suffit de lire les relations authentiques, pour voir combien l'auteur est ici dans l'erreur. (*Note du traducteur.*)

La mobilité paraît gagner aux intervalles ; mais ils ne doivent pas être trop grands, si l'on ne veut pas que la cavalerie perde sa force essentielle, qui est dans le choc.

La cavalerie prussienne était formée en muraille à l'époque de sa plus grande gloire.

On fixe neuf pas d'intervalle entre les escadrons, ce qui fait le front d'un demi-peloton ou d'une section.

Dans les charges il y a ordinairement une compression produite par le mouvement naturel aux chevaux de se serrer : ainsi cet intervalle est utile.

Le cheval augmentant ses efforts en proportion de la vîtesse de l'allure qu'on lui fait prendre, il lui faut plus d'espace au galop qu'au pas ou en position. Ainsi, dans la première de ces allures, les intervalles se resserrent et se ferment d'eux-mêmes, de manière à ne plus présenter à l'ennemi de lacunes dont il puisse profiter. Ces intervalles de neuf pas, représentant le front des plus petites fractions de manœuvres (les sections), faciliteront singulièrement les mouvemens.

Cependant il ne faut pas s'assujettir trop strictement à cette règle ; les intervalles doivent se déterminer d'après le terrain qu'on occupe, la ligne de bataille de l'ennemi, et en général d'après les circonstances particulières à chaque combat.

La cavalerie, sur la défensive, peut avoir de plus grands intervalles que pour l'offensive.

En temps de paix, on peut manœuvrer alternativement avec ou sans intervalles : car on doit apprendre à varier les positions et les évolutions en raison des différentes manières de combattre, auxquelles on se prépare pendant la paix.

Si le généralissime donne au chef à qui la cavalerie est confiée le jour d'une bataille, l'ordre de faire des démonstrations et d'occuper l'ennemi (afin de détourner son attention des points sur lesquels le généralissime veut, avec une autre arme, frapper quelque grand coup), ce chef doit former ses lignes de manière à faire illusion à l'ennemi en le menaçant. L'ordre en échelons est surtout très-applicable dans cette circonstance. On peut augmenter les intervalles, pour prolonger les lignes, qui n'en paraîtront pas moins nombreuses et contiguës.

En portant en avant les échelons vers le point qu'on veut menacer, l'on est maître de ses mouvemens, et on peut *menacer* sans attaquer, parce que l'on a autant de facilité à attaquer réellement qu'on en a à éviter l'engagement. Cette manœuvre inspire à juste titre des craintes à l'ennemi, l'oblige à des contre-manœuvres, et remplit complétement le but d'une feinte.

On peut tirer avantageusement parti d'un terrain entremêlé d'obstacles, pour faire paraître des forces plus considérables et augmenter l'illusion.

Par exemple, lorsque le centre d'une ligne se trouve masqué par une hauteur, l'ennemi peut croire que l'intervalle derrière la hauteur, entre les deux extrémités visibles, est aussi occupé. Dans les retraites cette disposition fait souvent gagner une demi-journée.

La cavalerie russe manœuvra de cette manière avec beaucoup d'habileté le 4 Septembre 1812.

Par la position qu'elle avait prise, ses lignes paraissaient très-nombreuses; un terrain coupé et couvert empêchoit l'œil de pénétrer partout, les lignes se perdoient de tous côtés derrière des hauteurs et des bois.

La cavalerie française qui, réunie en fortes masses, sous Murat, marchait toujours en tête de l'armée dans cette guerre mémorable, se trouva forcée de s'arrêter plusieurs heures, jusqu'à ce que le premier corps, commandé par le maréchal Davoust, fût arrivé, et qu'on eût achevé la reconnaissance.

Pendant ce temps, tout ce qu'on pouvait voir des lignes russes se perdit, et lorsqu'on se porta enfin en avant, tout avoit disparu.

On peut donc, sans inconvénient, agrandir les intervalles sur un terrain coupé ou entremêlé.

Dans une plaine découverte, il faut, autant que possible, se tenir serré ; car les dispositions doivent s'assujettir au terrain sur lequel on manœuvre, et d'après les positions qu'a prises l'ennemi, ou qu'il est disposé à prendre ; enfin, elles varient selon qu'on veut faire une attaque ou en repousser une.

Le général qui ne sait employer qu'un certain nombre de dispositions et de manœuvres, se trouve bientôt embarrassé, parce que les manœuvres, telles qu'on les a exécutées sur un terrain d'exercice, ne suffisent pas dans tous les cas.

Le véritable génie sait appliquer à chaque occasion nouvelle des manœuvres propres aux circonstances.

Les principes généraux de l'art de la castramétation, des mouvemens généraux et des combats, ne sont que des règles propres à développer et à guider le talent de la tactique ; leur exécution dépend de la fécondité du génie, qui ne considère les élémens du service que comme la matière qu'il doit animer.

L'imagination du guerrier l'élèvera au-dessus des détails du réglement.

Le général qui aura atteint cette hauteur, mérite seul le titre de tacticien. La paix le tiendra dans l'obscurité ; mais la guerre le remettra à sa véritable place, et prouvera qu'au lieu de recevoir de l'éclat de l'état militaire, ce sera lui qui en répandra sur cette carrière.

La paix fait disparaître les noms qui se sont illustrés à la guerre, et les remplace par d'autres ; parce qu'en temps de paix le talent principal, dit Lloid, consiste à plaire, et qu'on néglige l'utile pour l'agréable.

« La guerre épure les hommes et les classe « d'après leur mérite personnel. [1] »

Si la cavalerie doit se former seule et prendre possession d'une plaine, on fait bien de donner à la première ligne de l'extension au moyen de grands intervalles ; la seconde ligne, au contraire, doit être serrée et entremêlée de batteries de douze ; la troisième ligne se composera de quelques régimens disposés en colonne

---

[1] Bulow.

et placés çà et là en réserve, comme points d'appui.

La seconde ligne possédera ainsi toute la force nécessaire pour le choc.

Si l'ennemi s'avance, on peut, avec la première ligne, composée d'éclaireurs, le harceler de mille manières, l'engager dans des combats partiels : s'il développe de plus en plus ses forces, cette première ligne se retirera successivement vers les deux ailes de la seconde ligne, afin de la démasquer, et de donner à l'artillerie la facilité de canonner l'ennemi.

On acquiert par là une position très-avantageuse, en ce qu'on renforce les ailes de la véritable ligne d'attaque, qu'on menace les flancs de l'ennemi, et qu'on est le maître de tous les mouvemens pour l'attaque.

La première et la seconde ligne, réunies, formeront d'elles-mêmes un angle saillant ; ou *l'ordre courbe*. Dès que l'ennemi continue son mouvement en faisant mine d'attaquer sérieusement, on le prévient en l'attaquant avec une aile, ou avec les deux, suivant les circonstances. Il faut, lorsqu'on n'attaque qu'avec une aile, renforcer celle qu'on y emploie, de manière à ce qu'elle puisse chercher à déborder et à envelopper l'ennemi. Cette attaque d'aile réussit-elle, il est temps alors de faire un mouvement en avant de toute la ligne, pour profiter de l'avantage de la première attaque. Si l'attaque est repoussée, l'aile qui a été battue se rallie auprès de la réserve.

Au cas que l'ennemi se porte en avant avec toute sa ligne, il faut que l'aile qui n'a pas encore combattu se précipite impétueusement sur lui. Dans ce cas, l'artillerie se retirera, la réserve se portera en avant; les deux lignes n'en formeront qu'une au point où elles se réuniront. Si l'on veut s'emparer d'une plaine, on place l'artillerie dans la première ligne, qu'on dispose à petits intervalles; on tiendra la seconde ligne rapprochée de façon que, quand la première se mettra en mouvement pour charger, la seconde puisse aussitôt s'avancer jusqu'à l'artillerie.

Il est important, non-seulement de prendre ses dispositions de manière à assurer ses flancs, mais de disposer sa ligne de façon à lui donner la facilité de se prolonger pour déborder l'ennemi.

Le général Sébastiani, à la tête de son corps de cavalerie, manœuvra de cette manière avec succès contre le général Sacken, le 10 Octobre 1813, près de Schilda.

Pendant qu'il plaçait sa grosse cavalerie au centre, et son artillerie en batterie devant cette ligne, il porta, en les étendant, ses deux ailes en avant, et força le général Sacken à la retraite.

Au moment où le prince royal, aujourd'hui roi de Wurtemberg, à la tête des 4.ᵉ et 6.ᵉ corps de la grande armée, donna, sur la route de Vitry à Paris, près de Sondé-Sainte-Croix, sur le corps du maréchal Marmont, la division de cuirassiers du général Nostitz se déploya au centre, celle du général Pahlen à droite, pendant que la division de cavalerie légère du prince Adam de Wurtemberg se déployait à gauche.

L'artillerie à cheval wurtembergeoise, conduisant douze bouches à feu, fut mise en batterie au centre de cette position, d'où elle commença la canonnade; en même temps la cavalerie russe se porta en avant par la droite en échelons, et la cavalerie wurtembergeoise par la gauche, dans le même ordre.

Cette disposition du prince royal força sur-le-champ le maréchal Marmont à abandonner sa position, quoiqu'il eût un corps nombreux de toutes les armes.

Le prince royal, sans attendre son infanterie,

poursuivit l'ennemi pendant huit heures à la tête de sa cavalerie, à laquelle se joignit plus tard le grand-duc Constantin avec la cavalerie légère de la garde russe. A la vérité, les Français se reformèrent et firent face à Somme-sous-Conantrai et à la Fère-Champenoise à plusieurs reprises; mais le prince royal ne leur donna aucun relâche, et les attaqua avec impétuosité.

Deux grands carrés furent défaits; le maréchal Marmont perdit une partie de son artillerie, et la nuit seule lui permit de gagner les hauteurs d'Allemans.

Cette journée sera mémorable dans les fastes de l'histoire; elle a décidé du sort de la campagne : on pourrait dire que c'est là que Napoléon a été vaincu sans qu'il s'y fût trouvé.

Dans une bataille rangée, la cavalerie doit être placée en réserve[1]; elle doit, au commencement de l'action ne pas être exposée au feu du canon, ni engagée dans aucune espèce de combat : cette règle souffre peu d'exceptions. La cavalerie ne produit de grands résultats que lorsque les lignes de l'ennemi auront

---

[1] Il est toujours question ici de cette cavalerie qui n'est pas répartie dans les corps d'armée, mais qu'on réunit sous la dénomination de *cavalerie de réserve*. (*Note de l'auteur.*)

été ébranlées et affaiblies par le feu de l'artillerie, que des points isolés se dégarnissent, que
l'infanterie est fatiguée et épuisée ; que les fusils,
à la suite d'un feu soutenu et continuel, ne
partent plus régulièrement, et que le feu devient
incertain : voilà le moment où l'infanterie peut
être attaquée avec succès, et où la cavalerie
doit s'ébranler en masse et s'élancer avec toute
son impétuosité. L'ouïe du soldat souffre du
bruit continuel du canon et de la mousqueterie;
les commandemens ne s'entendent et ne se comprennent plus que difficilement; la fumée de la
poudre favorise l'approche de la cavalerie sans
qu'elle soit remarquée : toutes ces circonstances,
en intimidant le soldat, facilitent la victoire à la
cavalerie; elle triomphe souvent par son seul
aspect quand elle paraît inopinément.

A la bataille de Waterloo, une division française d'infanterie prit la fuite sans tirer un coup
de fusil, et abandonna trente bouches à feu,
à la vue de deux régimens de cavalerie anglaise.

Avant l'invention de la poudre, on se servait
de la cavalerie au commencement de l'action;
aujourd'hui elle ne peut guère être employée
avec succès qu'à la fin des batailles, soit pour
assurer la victoire, soit pour en recueillir le fruit.

La cavalerie, même en réserve, doit toujours être placée sur plusieurs lignes; ce serait afficher l'ineptie que de placer la cavalerie sur un terrain où elle ne pourrait être utile.

Fréderic le Grand dit là-dessus, dans ses *Instructions sur la guerre* : « Quand on place « sa cavalerie derrière un marais, on ne peut « en tirer aucun parti; la place-t-on trop près « d'un bois, l'ennemi peut y embusquer de « l'infanterie pour faire feu sur la cavalerie, et « la mettre en désordre sans qu'elle puisse se « défendre. »

Dans les positions qui n'ont pour but que de soutenir les autres armes, la cavalerie devra être placée de manière à ce que son choc puisse toujours s'exécuter avec vigueur. On n'oubliera pas, dans ce cas, de mettre à profit les avantages que présente le terrain : un éloignement de quelques centaines de pas de plus n'est d'aucun inconvénient; la cavalerie a bientôt franchi cet espace. [1]

Dans les retraites, la cavalerie ne doit jamais être placée en avant, mais toujours en arrière

---

[1] Voyez la note de la page 46. Le principe qu'elle renferme peut très-bien s'appliquer à la mission qu'on donne souvent à la cavalerie de soutenir l'infanterie. (*Note du traducteur.*)

des débouchés, à distance convenable pour pouvoir charger, et de manière qu'elle puisse fondre avec impétuosité sur l'ennemi qui débouche, avant qu'il soit formé.

Le combat de cavalerie de Zédénick, en 1806, où les Français ont remporté un brillant avantage, a été la suite naturelle de la position vicieuse qu'avait prise le général Schimmelpennik, immédiatement en avant d'un bois.

Au lieu de se retirer promptement à travers ce bois, lorsqu'il fut assuré de l'approche de l'ennemi, ce général accepta le combat dans sa mauvaise position et contre des forces supérieures.

CHAPITRE VIII.
Mécanisme de la cavalerie.

L'art de mouvoir la cavalerie, ou le mécanisme de la cavalerie, se divise en deux parties :

1.° Les mouvemens de marche;

2.° Les mouvemens de manœuvre.

Lorsque des troupes quittent un camp ou cantonnement, pour en aller occuper un autre, le mouvement qu'elles exécutent à cet effet s'appelle *marche.*

Lorsque des troupes, dans une position déjà prise, ou pendant leur marche pour la prendre, se forment pour se préparer au combat, les mouvemens qu'elles exécutent pour atteindre cette position, pour se former, et ceux qui leur succèdent, selon les circonstances, s'appellent *manœuvres.*

La stratégie indique la nécessité de changer ou modifier une position. Les positions ne doivent se prendre que sur des points *stratégiques.*[1]

---

1 Les points stratégiques se distinguent de ceux qui ne le sont pas, en ce qu'ils ne peuvent être tournés, dépassés ou négligés impunément.

Une armée en position sur tout autre point, en est nécessairement chassée par les manœuvres d'un adver-

Le mouvement d'une position à une autre peut comprendre plusieurs marches.

Ces marches successives deviennent une opération; la nouvelle position qu'on veut prendre est le but de cette opération.

Lorsqu'on a reconnu, d'après les règles de la stratégie, la nécessité d'une opération, ainsi que sa justesse et l'objet vers lequel on tend, la tactique procède à son exécution, en rompant l'armée par colonnes selon les circonstances, c'est-à-dire, en consultant le terrain sur lequel on marche, et le nombre des chemins praticables pour les colonnes, ainsi que le plus ou le moins de probabilité d'être attaqué par l'ennemi pendant le mouvement.

La tactique préside à la formation des colonnes, selon les différentes armes, et d'après le double but de la commodité des troupes et de la sûreté du mouvement; ce qui s'obtiendra facilement dans un pays ouvert, et si la cavalerie marche à la tête des colonnes: dans un pays montueux, on sera forcé de mettre l'infanterie en tête, et le mouvement se trouvera entravé.

La sûreté est ici la première considération; la commodité la seconde. Il est surtout essen-

---

saire habile, ou, si elle veut s'y maintenir, elle y est prise comme dans un cul-de-sac. (*Note de l'auteur.*)

tiel de ne pas confondre les marches en avant avec celles en arrière.

Toutes ces différentes opérations de tactique exigent une grande précision; le moindre oubli peut entraîner les plus grands désordres.

L'un des problèmes les plus difficiles est celui de faire marcher et suivre en ordre les énormes bagages dont se surchargent les armées. Le chef de l'état-major, dont les attributions comprennent ces sortes de mouvemens, rencontre très-souvent des difficultés presque impossibles à surmonter.

Le train des équipages est mal organisé dans la plupart des armées, parce qu'on accorde trop de bagages aux officiers. [1]

Les chariots de bagages des officiers, en voulant suivre les régimens, se fourrent dans les colonnes et encombrent les défilés.

Les besoins des grandes armées modernes dépassent tout calcul.

Les munitions de réserve de l'artillerie sont

---

1 Quoique les bagages soient encore trop volumineux dans les armées, ils le sont beaucoup moins que dans les guerres de 1740 à 1763, où des officiers traînaient à leur suite des toilettes de petites-maîtresses, des batteries de cuisine, des mandolines, etc. (*Note du traducteur.*)

déjà très à charge, et ils entravent souvent les
mouvemens de l'armée.

Les transports de vivres, qui suivent en colonnes interminables, tout en coûtant des sommes énormes pour n'apporter que du pain souvent moisi, ou de la farine depuis long-temps
avariée, ne sont ordinairement qu'un fardeau
de plus pour le pays, sans être d'aucune utilité à l'armée.

Les troupeaux de bétail périssent sur les routes, empestent les camps, sont rarement utiles,
parce qu'ils marchent trop lentement, et causent
des dégâts incalculables en communiquant leur
mal aux bestiaux des pays qu'ils traversent.

Tant qu'on ne bornera pas les magasins ambulans à un approvisionnement de quatre jours
(consistant en biscuit, riz, avoine et eau-de-vie);
qu'on ne se décidera pas à transporter ces pro-
visions, dans le moindre volume possible, sur les
mêmes chariots; et qu'outre ce dernier objet et
le matériel de l'artillerie on ne supprimera pas
toute autre voiture de bagage, les mouvemens
seront toujours paralysés.

Le soldat pouvant porter des vivres pour
quatre jours, l'armée serait approvisionnée pour
huit en suivant notre conseil.

A l'aide de ces précautions, et en tirant parti

des ressources d'un pays, on peut exécuter les opérations les plus promptes dans nos contrées agricoles.

La guerre est une suite d'opérations, après chacune desquelles on se repose quelques jours, quand même on n'aurait pas combattu, les forces d'une armée ayant leur terme.

Pendant ces jours de repos on doit compléter le matériel et, par conséquent, les approvisionnemens, qu'on tire des magasins dans une guerre défensive, et des places et des provinces conquises dans une guerre offensive.

Si l'on voulait distribuer journellement les vivres pendant une opération, et les tirer des magasins ambulans, cela n'aurait lieu qu'aux dépens du succès de l'opération, qui doit s'exécuter avec force et célérité.

Depuis qu'à l'exception de l'Angleterre toutes les puissances ont renoncé aux enrôlemens, et que les armées sont devenues nationales, le système de réduire le soldat à sa mince ration et de lui faire éprouver des privations dans un pays où règne l'abondance, est d'autant plus impraticable qu'au jour du combat on cherche à enflammer le guerrier par le sentiment de l'amour de la patrie.

Ils sont passés les temps où le soldat ne com-

battait que pour sa solde et pour une. cause
quelconque ; l'état militaire a cessé d'être pour
lui un métier qui n'a dê terme que celle de
sa vie : il est au contraire redevenu, comme chez
les anciens, le premier devoir de chaque citoyen.

Le patriotisme animera toujours le soldat
lorsqu'il sera citoyen.

Pour augmenter cet amour de la patrie, on
a accordé des distinctions au simple soldat,
on lui a présenté l'espoir de l'avancement :
encouragemens qui avant nos jours lui étaient
étrangers.

C'est à ce système que les Français ont dû
leurs victoires lorsqu'ils luttaient contre la féo-
dalité ; c'est à ce même système que les peuples,
dans la dernière guerre, dûrent leur affranchis-
sement de la domination des Français.

Jusqu'alors la barrière d'un pouvoir arbi-
traire séparait l'officier du soldat, en le sou-
mettant servilement au caprice de ses chefs :
cette barrière a disparu.

Les officiers ne peuvent plus s'élever au-
dessus du soldat que par leur bravoure et des
talens supérieurs : ce sont là des titres qui ne
perdent jamais leur valeur. *L'obéissance se
commande ; la confiance jamais !*

Le jugement que le soldat porte de son

chef est souvent plus juste et de plus de poids
que celui des supérieurs ou officiers du même
grade, chez lesquels la jalousie descend quelquefois jusqu'à la médisance.

Si le soldat a l'espérance d'avancer, il sera
porté par l'ambition aux actions les plus brillantes : il cherchera à imiter ses nobles guides ; il
suivra l'exemple de ceux qu'il espère égaler un
jour. D'un autre côté, le général voit dans ses
subordonnés des centaines de rivaux de gloire.
Que de motifs réciproques d'actions glorieuses !

Mais il faut que le guerrier animé de vues
aussi élevées jouisse d'une existence honorable.
En exigeant beaucoup d'une armée, il faut
avoir soin de la pourvoir abondamment de tout
ce qui est nécessaire à son existence.

Ce n'est que dans les armées mercenaires de
l'Angleterre que le système des rations fixes
peut avoir lieu ; encore ne se soutiendra-t-il
qu'aussi long-temps qu'une solde très-forte per-
mettra aux troupes d'ajouter à leur nourriture
réglée.

Il serait très-utile et il ne serait pas impossible de se passer des transports de vivres, toujours embarrassans, sans compter les dépenses
qu'ils occasionnent et le désordre qui y règne ;
il vaudrait mieux établir un système de réqui-

sition qui pourvût à la subsistance de l'armée sans épuiser le pays.

Mais il ne faut jamais abandonner au soldat le soin de se procurer ses vivres lui-même.

La discipline est tout autre chose que ce que l'on pense. Le bourgeois croit qu'elle consiste en ce que le soldat soit forcé par son général de se contenter de son pain de munition. Que l'armée souffre par la privation de nourriture ou par le manque de soins; que, par suite des bivouacs dans la mauvaise saison, il s'y introduise des maladies contagieuses; que le moral du soldat s'affaiblisse, et que l'armée se trouve réduite à ne plus figurer que sur le papier; que le but de la guerre soit manqué et le mal prolongé : toutes ces considérations ne font aucun effet sur le peuple. Il n'envisage pas des résultats éloignés dont il finit par devenir lui-même la victime; il ne voit que la gêne momentanée : il ne voit pas dans le soldat l'homme exténué de fatigues, de veilles, de besoins et de privations, à qui un bon accueil et un repas offert de bon cœur procureraient les plus douces jouissances. Accueilli de cette manière, le soldat, peu soucieux par habitude, est aisé à contenter. Mais le bourgeois ne le considère jamais sous ces rapports. Il ne voit dans le

soldat qu'un homme appartenant à une horde
de gens grossiers, fléau de l'humanité ; il le
reçoit en murmurant, et lui jette avec avarice ce
que le réglement lui prescrit strictement de
fournir : aucun soin, aucune parole bienveil-
lante ne vient excuser un mauvais repas ; il est
insensible au p.lisir si naturel qu'éprouve le soldat
à prôner les hauts faits de l'armée. En un mot,
c'est la faute du bourgeois si le soldat justifie cette
fausse prévention et se comporte avec rudesse.

La discipline est cette institution sage par suite
de laquelle des troupes fidèles à leurs devoirs et
à leurs drapeaux exécutent avec persévérance,
dans les circonstances les plus difficiles, les ordres qu'elles ont reçus ; elle produit cette résolution ferme qui ne peut être ébranlée ni par
l'aspect, ni par la certitude de la mort ; c'est
d'elle que naît ce sang froid qui fait conserver
à une troupe l'ordre qui doit la garantir d'une
déroute : en un mot, c'est la réunion de toutes
les forces morales à un degré de hauteur auquel
doivent se soumettre toutes les forces physiques.

C'est une conduite belle, humaine et digne
d'éloge, que celle d'un général cherchant à s'attirer les bénédictions du pays qui a le malheur de
servir de théâtre à la guerre ; mais, si le général
recherche ces bénédictions au prix de la haine

et de la ruine de son armée, il manque à un de ses premiers devoirs.

Le général ne paraît sur la scène que quand la guerre est irrévocablement décidée ; la guerre, le malheur des peuples et la dévastation des pays, ne peuvent lui être imputés. La responsabilité des crimes, des maladies contagieuses, de la corruption des mœurs et des désastres qui suivent la guerre, ne peut l'atteindre : il doit être considéré comme le dernier moyen de salut pour sa patrie ; il forme, avec son armée, un monde séparé du reste des humains.

Les maux du pays qu'il parcourt font aussi peu d'effet sur lui que s'il voyait le théâtre de la guerre sur une carte ; il ne ménage les contrées que pour s'en conserver les ressources. Il se félicite quand il peut concilier le but de ses opérations avec le bien-être des habitans ; mais il ordonne la dévastation aussitôt que des considérations plus importantes le lui commandent : il ressemble à Wellington en Portugal, à Rostopschin à Moscou.

Le général est pendant la guerre au-dessus de l'humanité ; la paix le rend à ses semblables.

Le mécanisme (ou l'art du mouvement) de la cavalerie, sous le rapport des manœuvres, consiste :

a) Dans l'art de transformer les colonnes en lignes par *des formations* ou des déploiemens ;

b) Dans l'art de *mouvoir les lignes* en tous sens ;

c) Dans l'art de ployer les lignes en colonnes, par des *déboîtemens* ou des formations de colonnes serrées.

a) *Formations.*

Les troupes arrivent en colonnes de route sur le terrain pour combattre l'ennemi : ou celui-ci s'y trouve déjà, ou il est en marche pour s'y rendre, ou bien elles doivent l'y attendre.

1.° Si l'ennemi est déjà formé et sa ligne établie, on le reconnaît, sous la protection de l'avant-garde, afin de trouver l'endroit le plus favorable à l'attaque, qu'on peut appeler *la clef de sa position.*

Il est nécessaire que le général de la cavalerie assiste à ces sortes de reconnaissances, afin qu'il puisse en saisir l'ensemble, quand le généralissime fait ses dispositions pour la bataille.

En procédant à la formation des lignes, le commandant de la cavalerie pèsera attentivement les ordres qu'il a reçus, et il considérera s'il devra attaquer l'ennemi immédiatement après l'exécution du mouvement, ou seulement le tenir en échec et neutraliser ses efforts.

Dans le premier cas, il forme sa première ligne à petits intervalles (de neuf pas entre les escadrons), afin de lui donner de la consistance, et il ne cherchera pas à éviter le feu de l'artillerie.

Dans le second cas, les intervalles pourront être plus grands ; il construira ses lignes de manière à faire illusion à l'ennemi, et se tiendra hors de la portée du canon.

Si l'on veut attaquer aussitôt que les lignes sont formées, on cherchera, par un déploiement exécuté rapidement, à surprendre et à déborder l'ennemi. Cette manœuvre, qui a maintes fois réussi à Frédéric le Grand, prépare et facilite la victoire.

C'est surtout ici que la vélocité de la cavalerie fait paraître cette arme dans tout son éclat.

Le général Seidlitz a décidé de la victoire de Rosbach par la promptitude avec laquelle il sut déployer sa cavalerie.

2.º Lorsqu'on arrive sur le terrain en même

temps que l'ennemi marche de son côté pour
s'y former, le général a ordinairement le temps
de former sa ligne d'après les circonstances qui
lui sont les plus favorables.

La cavalerie agit alors ordinairement au commencement de l'action, en ce qu'elle peut, par
ses mouvemens et ses déploiemens rapides,
s'emparer des plaines et des hauteurs.

On parvient souvent, par ces dispositions, à
donner une tournure favorable à la bataille dès
le commencement.

Le chef de la cavalerie doit donner toute son
attention à construire ses lignes de manière à
former *un rideau* derrière lequel l'armée puisse
établir son ordre de bataille sans être inquiétée.

Enfin, 3.°, lorsqu'on veut attendre l'ennemi
pour lui livrer bataille dans une position qu'on
s'est choisie, on a le temps de former ses lignes
avec la plus grande aisance.

b) *Mouvemens de lignes.*

Les lignes de front se divisent 1.° en *lignes
droites,* 2.° en *lignes obliques,* 3.° en *lignes
courbes.*

Lorsqu'une ligne de bataille s'étend parallèlement *à celle de l'ennemi,* elle se nomme
ligne droite.

Si l'on porte une aile de cette ligne droite en avant vers l'ennemi en retenant l'autre aile sur place, ce mouvement en avant formera avec la ligne ennemie un angle qui transformera la ligne droite en ligne oblique.

On entend par ligne courbe, celle dont les deux ailes se portent en avant pendant que le centre reste en arrière, ce qui forme un *angle rentrant*; ou bien lorsqu'on porte le centre en avant, en refusant les deux ailes, ce qui forme un *angle saillant*.

1.° Les mouvemens en ligne droite sont la marche en avant, la charge et la retraite.

Le principe fondamental de tout mouvement est la plus grande simplicité possible.

L'ensemble, l'uniformité des allures, la résolution, le calme et le silence doivent caractériser la marche en avant.

Un régiment en ligne, qui se porte en avant avec calme et marche en silence au-devant de la mort et de la destruction, forme un beau contraste avec le bruit du canon et le tumulte du combat; il ne ralentit sa marche ni par la grêle des balles qui pleuvent sur lui, ni par la perte d'un compagnon d'armes qui tombe à côté de son camarade, ni par les cris des blessés et des mourans : il commande l'admiration.

Une marche ainsi exécutée est le fruit de la discipline et de la bonne organisation militaire.

La charge est l'effort le plus élevé d'une ligne de cavalerie : sa réussite dépend de sa vitesse bien réglée et progressivement accélérée, jointe à un alignement parfait.

Plus une ligne qui charge a d'étendue, moins son mouvement doit être précipité : l'ordre et la consistance se perdent en raison de la vitesse.

Une ligne qui veut charger, se met au trot à environ 300 pas de l'ennemi. Le chef commande. Les mots : *Soldats! à la charge; croisez vos lances, le sabre à la main,* exaltent le courage, augmentent l'enthousiasme et avec lui la force du choc.

C'est preuve de sang froid de ne mettre le sabre à la main qu'au moment du choc : de même l'artillerie ne charge ses pièces, l'infanterie n'apprête ses armes, qu'au moment de l'attaque.

A cent pas de l'ennemi on fait sonner la charge et on prend le galop, qu'une brave cavalerie précipite à mesure qu'elle approche de l'ennemi : la bravoure et la lâcheté croissent également à l'approche de la lutte.

Le chef le plus vaillant sera ordinairement victorieux, parce que son exemple entraîne ceux qui le suivent.

La présence d'esprit est indispensable à la retraite; on l'exécute en échiquier ou en échelons, de façon qu'une partie de la ligne puisse s'opposer à l'ennemi, pendant que l'autre se retire.

Il est de la dernière importance de ne pas s'écarter du principe invariable de ne jamais se laisser attaquer dans une retraite; mais, au contraire, lorsqu'on voit l'ennemi s'ébranler pour charger, de le prévenir en l'attaquant lui-même.

Ce n'est cependant pas chose aisée; il faut pour cela des régimens éprouvés et des chefs courageux.

Il ne faut jamais s'attacher, dans ce genre d'attaque, à poursuivre l'ennemi, mais se retirer en ordre et sans perte de temps aussitôt qu'il est repoussé.

Si l'on voulait, en pareille circonstance, se livrer à la poursuite, on se perdrait en donnant sur de nouvelles lignes.

Une charge, pendant qu'on se retire, ne doit avoir d'autre but que de tenir l'ennemi en respect, et de gagner du temps pour achever en ordre la retraite.

Les gardes-du-corps anglais exécutèrent, le 17 Juin 1815, pendant la retraite de lord Wellington de Quatre-Bras, une charge bril-

lante, par laquelle les premiers escadrons français furent renversés et leur poursuite arrêtée.

La retraite exige le plus haut degré de génie,
et, plus que partout ailleurs, la prudence et
l'audace doivent s'y trouver réunies.

2.° Les mouvemens en ligne oblique sont les
manœuvres en *échelons*.

Cette marche en échelons, par laquelle on
refuse une aile pendant que l'autre se porte en
avant, a été regardée de tout temps, par les généraux les plus habiles, comme une des manœuvres les plus propres à la cavalerie.

On peut, de cette manière, manœuvrer long-
temps, tromper long-temps l'ennemi, sans changer essentiellement sa position, sans gagner ni
abandonner du terrain.

Selon les circonstances, on fera aisément des
attaques par des échelons séparés, en conservant
sa ligne.

Enfin, par la marche en échelons, on peut
à volonté changer sa ligne et gagner les flancs
de l'ennemi.

Les lignes obliques ou par échelons réunissent
l'avantage de permettre de faire front de tous les
côtés, de tirer subitement parti de la faiblesse
de l'ennemi, de choisir promptement les points
d'attaque (en ce qu'on peut facilement refuser

les échelons trop près de l'ennemi), de prévenir et surprendre son adversaire sans qu'on risque soi-même d'être prévenu; enfin elles s'appliquent avec autant de succès à l'attaque qu'à la retraite.

Les manœuvres des Français, à la bataille de Marengo, le 14 Juin 1800, en sont une preuve; aussi méritent-elles la plus grande admiration.

3.° Les lignes courbes se forment également par des mouvemens en échelons.

La marche par échelons, les deux ailes en avant, forme l'angle rentrant.

La marche par échelons, le centre en avant, forme l'angle saillant.

Ces deux mouvemens sont offensifs.

La cavalerie se trouve souvent obligée de changer de front.

Ces changemens de front, et surtout ceux en arrière, deviennent très-importans, parce qu'ils sont à peu près le seul moyen de prévenir l'ennemi, lorsqu'il veut déborder une de vos ailes.

Les flancs sont les parties les plus faibles d'une ligne de cavalerie, parce qu'elle ne peut pas, comme l'infanterie, former promptement un crochet, ou bien, quand elle peut le faire, c'est sans aucune espèce de sûreté; car, si l'infanterie,

après la formation du crochet, a son feu pour
se défendre, il ne restera à la cavalerie d'autre
perspective que d'être renversée si elle veut attendre la charge de pied ferme.

La force de la cavalerie est tout entière dans
ses *mouvemens;* celle de l'infanterie, dans ses
positions.

On cherche en conséquence à se gagner mutuellement les flancs, à se tourner : celui qui
réussit à se donner cet avantage sur son adversaire, est le plus souvent victorieux.

Un changement de front en avant sur une
des subdivisions du centre, exécuté avec la rapidité de l'éclair, est d'autant plus propre à
prendre l'ennemi à l'improviste, qu'on peut
agir avec une partie de sa propre ligne sur un
de ses flancs, et se garantir de toute espèce de
mouvement de l'ennemi.

On suppose ici (planche 3, 1.er mouvement)
une attaque faite par l'aile droite A, soutenue
par une colonne d'attaque C.

Cette colonne se déploie diagonalement (2.^{e}
mouvement) en $a - b$, vers le flanc gauche de
l'ennemi, formé en $D - E$.

Si l'ennemi a négligé de prévenir ce mouvement, ni la résolution la plus énergique ni la
plus grande bravoure ne l'empêcheront d'être

enveloppé par une attaque hardie, exécutée avec promptitude.

Pour pouvoir s'opposer avec succès à cette attaque, il faut saisir le moment avec justesse et promptitude.

L'ennemi sera forcé de retirer son aile gauche E en arrière (3.e mouvement) par un changement de front de cette aile, exécuté au galop, en la position $c-d$.

Ce mouvement devra être couvert par les éclaireurs, qui par leur feu gèneront ou même empêcheront le déploiement de la colonne C.

Au même instant, il faut qu'un régiment G (4.e mouvement), formé en colonne serrée ou d'attaque, se porte au galop en $e-f$, se déploie ou, ce qui vaut mieux encore, se précipite sur l'ennemi. [1]

Quelques minutes suffisent pour décider du combat; mais il faut posséder le génie du commandement pour savoir discerner et saisir ces instans.

---

1 L'exécution de ces diverses évolutions est détaillée dans les 3.e et 4.e parties du réglement d'exercice. La division de cavalerie légère du prince Adam de Wurtemberg exécuta le premier et le deuxième mouvement dont il est ici question, dans le combat de cavalerie du 20 Mars 1814, près de Méry, et renversa la cavalerie française de la garde. (*Note de l'auteur.*)

c) *Déboîtemens.*

Il est toujours facile de rompre pour poursuivre l'ennemi à l'issue d'un combat heureusement terminé. Il est beaucoup plus difficile de le faire quand on a été battu. Rien n'est plus périlleux qu'une retraite en vue d'un ennemi victorieux; rien n'exige un génie plus fécond.

Si les lignes doivent être concentriques pour l'attaque, elles doivent se disposer excentriquement pour la retraite.[1]

Plus il se trouve de chemins praticables derrière une position, plus il devient facile de se retirer après une défaite.

Des détachemens de pionniers conduits par des officiers de l'état-major général, marchent en avant pour aplanir les chemins que doivent parcourir les lignes de retraite : ces pionniers sont suivis par le bagage et tout le train indispensable aux armées d'aujourd'hui; ensuite vient la réserve d'artillerie et les batteries de gros calibre. Quelques escadrons de cavalerie sont indispensables pour maintenir l'ordre dans cet immense train de bagages et de chariots.

---

[1] Bulow.

C'est surtout dans les retraites qu'on éprouve le pernicieux effet des bagages trop nombreux.

Des ordres sévères, dont l'exécution sera surveillée par des officiers d'une fermeté éprouvée, sont nécessaires pour prévenir des encombremens trop dangereux.

Si, dans les marches en avant, les équipages occasionnent des retards et des embarras dans les défilés, que sera-ce dans une retraite, où très-souvent une terreur panique s'empare des charretiers, connus par leur manque de courage. [1]

Ce qui ne peut suivre doit être abandonné sans miséricorde.

Si le champ de bataille est ouvert, la cavalerie doit couvrir le mouvement rétrograde de l'armée.

Les talens du chef et l'habileté des troupes se développent avec le plus grand avantage dans de pareilles occasions.

Il est surtout de la dernière importance que la cavalerie ait une contenance assurée lorsque le mouvement de retraite commence.

Le corps qui perd contenance dans ces mo-

---

[1] Nous sommes loin de laisser peser ce reproche sur nos soldats français composant le train ; bien des fois ils ont surpassé même en courage le reste de l'armée. (*Note du traducteur.*)

mens difficiles, entraîne non-seulement la ruine des autres, mais la sienne propre.

On a déjà indiqué les mouvemens à exécuter pour traverser une plaine.

Lorsqu'il se présente des défilés à passer, il faut attendre que le reste des troupes dont on protège la retraite, les ait dépassés. On rompt ensuite promptement par régiment, selon leur rang de bataille, pour leur faire passer le défilé en arrière en colonne.

Ce mouvement doit être caché à l'ennemi, aussi long-temps que possible, par des manœuvres propres à le tromper.

Quand on se trouve en lignes parallèles avec l'ennemi en avant d'un défilé, ce qui est la plus difficile des situations, on rompt en arrière par les deux ailes : la largeur du défilé doit déterminer les subdivisions sur lesquelles on rompt. Si l'ennemi vous poursuit, comme cela arrive ordinairement, et qu'on ne croie plus avoir le temps d'exécuter son mouvement sans être inquiété, il faut qu'une partie de la troupe fasse une charge pour repousser l'ennemi, pendant que l'autre partie atteint et traverse le défilé.

Il est des cas où la nécessité commande de hasarder une partie d'une troupe pour sauver l'autre.

Sans cavalerie une retraite devient d'une exécution difficile.

Xénophon éprouva d'une manière bien pénible le manque de cavalerie dans la retraite mémorable de ses *dix mille Grecs*. Lassé de voir l'ennemi l'inquiéter et le harceler impunément en retardant sa marche par les nouveaux obstacles qu'il y opposait chaque jour ; persuadé que, d'après ses propres expressions, « une victoire « même ne serait suivie d'aucun résultat, et qu'il « y avait tout à perdre dans une défaite, » Xénophon forma une troupe de cavalerie, en choisissant parmi les chevaux du bagage et ceux des officiers les meilleurs, qu'il fit monter par les hommes les plus *déterminés* de son armée.

Les derniers bulletins français de la guerre de Russie rapportent que le manque de cavalerie a empêché de connaître les mouvemens de l'ennemi pendant la retraite de Moscou.

CHAPITRE IX.

Combats de la cavalerie.

On distingue deux manières différentes de combattre :

a) Celle à rangs ouverts ou en tirailleurs ;

b) Celle en ligne, ou le choc.

La formation de bons tirailleurs est très-importante : l'article 3 du chapitre II du Réglement sur les manœuvres traite de la manière de former ces tirailleurs. [1]

Il est essentiel qu'ils sachent ajuster et tirer à cheval.

Les coups tirés pendant que le cheval est en mouvement, ne sont d'aucun effet, et doivent être sévèrement défendus.

Le tirailleur se porte sur son adversaire, arrête son cheval à la distance convenable, le tourne à droite, couche en joue et fait feu quand la vis de culasse et la visière de son mousqueton sont en ligne avec le but. L'habitude doit lui donner la facilité d'arrêter son cheval, de coucher en joue et de tirer presque en même temps.

Cet objet important est négligé dans la plu-

---

[1] L'auteur entend le Réglement dont il parle à la page 39. (*Note du traducteur.*)

part des armées. On a des exemples que des tirailleurs, conduisant leurs chevaux par la bride, après avoir mis pied à terre, et s'être glissés à travers des terrains coupés, ont forcé des troupes entières à se retirer.

Dans la campagne de 1815, les tirailleurs de la cavalerie wurtembergeoise forcèrent six escadrons français à la retraite, près de Nieder-Otterbach, en avant de Wissembourg, en Alsace. Quelques jours après, le prince royal fit mettre pied à terre aux tirailleurs, qui s'emparèrent du bourg de Brumath, après en avoir chassé l'infanterie qui devait le défendre. [1]

---

1 Des renseignemens inexacts ou des bulletins exagérés peuvent seuls avoir porté l'auteur à dénaturer d'une manière aussi étrange les faits dont il est ici question.

Quant à la première de ces rencontres d'avant-postes, quelques escadrons wurtembergeois, sans doute pour protéger une reconnaissance, débouchèrent du village de Nieder-Otterbach, et attaquèrent la grande garde française, composée de vingt-cinq hommes du 2.e régiment de chasseurs à cheval, postée sur les hauteurs en avant de Steinfeld. Cinq pelotons du même régiment suffirent pour repousser ces escadrons, qui repassèrent, avec perte d'une dixaine d'hommes tués, blessés ou pris, le ruisseau qui coule entre Nieder-Otterbach et Steinfeld. Le 2.e de chasseurs eut quatre ou cinq hommes blessés, et ne perdit pas un cheval.

La manière de combattre des tirailleurs ne permet pas de les tenir en ligne serrée.

Loin qu'il y ait eu six escadrons français engagés, l'ennemi n'a pu voir que les deux premiers escadrons du 2.ᵉ de chasseurs; le 7.ᵉ de chasseurs, qui faisait brigade avec le premier de ces corps, est resté pendant toute cette *escarmouche* en arrière de Steinfeld. Voilà le récit de la *bataille* de Nieder-Otterbach.

Quant à la soi-disant prise de Brumath, je ne puis revenir de mon étonnement à l'expression de *prise* de Brumath, et je vais détailler ici cette affaire tout au long. Le général en chef, comte Rapp (dans l'état-major duquel je servais alors) avait ordonné d'évacuer ce bourg, et surtout défendu de s'engager avec l'ennemi. En conséquence de cet ordre, l'arrière-garde évacua Brumath aussi paisiblement qu'on traverse une ville en temps de paix, et l'on prit position entre ce b urg et Vendenheim, à la hauteur de l'ancienne abbaye de Stephansfeld. L'arrière-garde eut largement le temps de couper les deux ponts près de ce dernier endroit. Ce ne fut que plus de deux heures après l'évacuation de Brumath que l'on vit paraître quelques éclaireurs wurtembergeois avec lesquels on échangea une vingtaine de coups de fusil. Brumath ne peut donc avoir été pris de vive force par des cavaliers qui auraient mis pied à terre pour en chasser l'infanterie.

Cette note n'est point écrite sur des documens puisés dans des relations. J'avais été laissé, par le général en chef, à l'arrière-garde, pour lui rendre compte des événemens qui auraient pu exiger sa présence : ainsi j'ai vu de mes yeux. (*Note du traducteur.*)

Ils doivent être disposés sur deux rangs.

Sur un terrain découvert, il y aura quinze pas de distance entre les rangs, et quinze pas d'intervalle entre les tirailleurs.

Les tirailleurs du premier rang porteront le n.° 1, ceux du second rang le n.° 2.

Les n.ᵒˢ 1 et 2 se regarderont comme des amis inséparables, comme devant servir de second l'un à l'autre, et se soutenir.

Les tirailleurs ne doivent jamais rester en place ; ils tourneront par volte à droite aussitôt après avoir tiré.

L'appel de la trompette est de la plus grande importance pour eux.

Le combat anime le soldat, et le succès surtout l'exalte souvent jusqu'à la passion.

Celle-ci s'accroît chez le soldat à proportion de la résistance qu'il éprouve.

Il se livre souvent inconsidérément, et sans regarder autour de lui, à la poursuite de son ennemi, perd de cette manière l'appui de son régiment, et paie son imprudence de sa vie ou de sa liberté.

Si l'ennemi a une réserve, tous ceux qui se sont ainsi lancés en avant sont perdus.

Les tirailleurs ou éclaireurs sont essentiellement destinés à commencer et à entretenir le

combat, à couvrir les troupes qui se forment ou
se rompent, à prendre l'ennemi en flanc et à
revers pendant le combat; à se disperser en
avant et sur les côtés, pour parcourir et éclairer
le pays que traverse l'armée; à reconnaître l'ennemi; à poursuivre les avant-gardes, arrière-
gardes, les partis détachés, etc. Ce service exige
de la bravoure, du sang froid, de la conception,
de la finesse, de l'agilité, l'usage des armes et de
l'équitation. Il faut y joindre des chevaux endurcis
à la fatigue, de longue haleine, légers, calmes
et maniables.

Dès qu'on donnera à la formation des éclaireurs toute l'importance qu'elle requiert, qu'on
leur inspirera un caractère vraiment guerrier,
ils ne tarderont pas à servir de modèles à leurs
compagnons d'armes et à illustrer la cavalerie.

Les éclaireurs, choisis parmi les hommes les
plus distingués du régiment, en formeront l'élite,
et seront employés avec avantage aux entreprises
les plus hasardeuses et les plus téméraires.

La charge (le choc) est le mouvement principal
de la cavalerie. Dans le moyen âge, la cavalerie
des deux partis s'approchait à trente pas, faisait
feu l'une sur l'autre de ses longs pistolets; après

quoi l'un des deux partis faisait demi-tour, l'autre restait en place.

Dans la première guerre de Silésie, la cavalerie autrichienne était encore dans l'usage de se porter au trot jusqu'à trente pas de l'ennemi, de faire feu du pistolet, et seulement après elle tirait le sabre.

Fréderic le Grand ordonna à sa cavalerie de se jeter impétueusement, le sabre à la main, sur l'ennemi, ce qui fut ordinairement couronné du plus brillant succès. Cette cavalerie, qui dans les premières guerres de Fréderic était très-médiocre, acquit, par ce genre d'attaque, une telle supériorité qu'elle n'a pas été égalée depuis. Seidlitz lui apprit à exécuter les évolutions de l'infanterie.

La bataille de Rosbach fournit une preuve incontestable que la bravoure ne paraît dans tous ses avantages que lorsqu'elle se joint à l'habitude des manœuvres, et qu'elle est soutenue par l'activité des charges de la cavalerie.

Le roi de Prusse, paraissant craindre de s'engager avec un ennemi aussi supérieur en nombre que l'armée combinée des Français et de l'Empire, retira la sienne derrière des hauteurs qui en masquaient une partie.

Le 3 Septembre 1757, vers midi, l'ennemi,

comptant sur la supériorité de ses forces, s'a-
vança contre les Prussiens, dans la vue de
tourner leur aile gauche.

Les colonnes ennemies, la cavalerie en tête,
s'approchaient avec confiance, lorsque tout à
coup le général Seidlitz déboucha avec la cavalerie en avant des hauteurs qui la masquaient,
et se précipita avec une telle audace et avec tant
de célérité sur les ennemis, qu'il s'en suivit,
pour les Prussiens, une des plus éclatantes victoires dont l'histoire ait jamais fait mention.

On connaît quatre manières différentes de
charger :

1.º La charge en ligne droite ou parallèle;

2.º La charge en ligne oblique;

3.º La charge en échelons;

4.º La charge en colonne.

La charge *en ligne* est celle qui convient
contre la cavalerie, et celle *en échelons et en
colonne* contre l'infanterie.

La charge sur une *ligne parallèle* à celle de
l'ennemi offre le plus de sûreté, lorsqu'on a une
cavalerie animée d'un bon esprit et d'une volonté
ferme; elle lui assure le moyen de faire l'emploi
de toute sa force, qui consiste dans l'impétuosité livrée à elle-même.

La charge *en ligne oblique* s'exécute avec

succès lorsque notre front a moins d'étendue que celui de l'ennemi, et que l'on veut atteindre et battre une de ses ailes ; mais une ligne *oblique*, qui n'est pas formée en échelons, exige de grands efforts pour la maintenir au moment du combat, et il ne s'en suit que trop facilement des lacunes et de la désunion.

La charge *en échelons* présente l'avantage important de n'exposer qu'une partie de la troupe aux hasards du combat : l'on peut, tout en fatiguant l'ennemi, ménager ses propres forces.

Dirigées contre l'infanterie, ces attaques successives inquiètent le soldat et le portent à se dégarnir trop tôt de son feu.

La charge *en colonne* peut, dans l'occasion, réussir sur de l'infanterie en masse.

L'empereur Léon était d'avis qu'il fallait, dans l'attaque, calculer sa position sur celle de l'ennemi, l'étendre ou lui donner de la profondeur à proportion de la sienne ; que de bonnes troupes devaient être disposées en ordre étendu, et les mauvaises en ordre profond.

L'infanterie n'attendra jamais les attaques de la cavalerie en ligne étendue; elle se formera, au contraire, en masse ou en carré.

La cavalerie qui devra attaquer de l'infanterie en masse, se formera en colonne par escadron, à distances doubles, pour faire des attaques successives.

L'escadron de la tête essuie en entier le premier feu.

S'il se comporte avec valeur et fermeté, et qu'il réussisse à entamer l'infanterie, il est suivi par le second et le troisième escadron, afin de compléter la défaite.

Si l'escadron qui charge le premier est au contraire repoussé, ce qui est à supposer dans la plupart des cas, il faut qu'il rompe à droite et à gauche, afin de démasquer le second escadron, et qu'il vienne se reformer à la queue de la colonne.

Le second escadron devra charger avec tant de promptitude que l'infanterie n'ait pas le temps de recharger ses armes.

On peut admettre ici, sans prévention, que l'infanterie, croyant la cavalerie en fuite par l'effet de son feu, sera étonnée et ébranlée de voir paraître, à travers la fumée, une nouvelle ligne de cavalerie pendant qu'elle est encore occupée à charger ses armes.

Lorsqu'on veut attaquer de l'artillerie, il faut commencer par battre les troupes qui lui servent de soutien.

Lorsque des pièces sont séparées du reste d'une ligne, on les attaque en fourrageurs.

Les tirailleurs, formant un demi-cercle dont les deux extrémités se portent en avant, tirent quelques coups, et, après s'être avancés au galop, sans paraître avoir un but déterminé, jusqu'à la portée des bouches à feu, ils se précipitent sur la batterie avec la rapidité de l'éclair, sabrent les canonniers, et forcent les soldats du train à conduire les pièces de canon du côté des leurs.

Les tirailleurs de la cavalerie wurtembergeoise prirent de cette manière cinq bouches à feu, dans le combat qui eut lieu, près de Strasbourg, le 28 Juin 1815.

Il s'en faut de beaucoup que l'artillerie soit aussi redoutable qu'on se le figure ordinairement.

Le canon ne peut frapper avec succès que des corps fixes; ceux qui sont en mouvement sont bien difficiles à atteindre.

Les pièces de six produisent leur effet de 8 à 900 pas, en tirant de but en blanc. Or la cavalerie parcourt 600 pas en deux minutes au trot. On voit combien les lignes de tir deviennent incertaines. Une ligne de cavalerie, chargeant vigoureusement, souffrira peu du feu de l'artillerie. [1]

---

1 A la bataille d'Austerlitz, le 5.ᵉ régiment de chasseurs à cheval souffrait considérablement par la mitraille que lui envoyait de deux cents pas une bat-

Vous m'avez donné un très-beau spectacle, dit Napoléon, à la bataille d'Eckmühl, au général bavarois qui, avec sa brigade de cavalerie, venait de prendre une batterie de trente bouches à feu.

La cavalerie ne doit jamais se mettre en mouvement pour tâter l'ennemi, et éprouver sa fermeté et sa contenance; cela doit avoir été reconnu avant l'événement : elle ne doit s'ébranler pour charger que bien résolue à le faire vigoureusement. Il n'est pas honteux à des tirailleurs d'être ramenés; mais une troupe qui marche à l'ennemi avec un courage apparent, et fait ensuite demi-tour simultanément lorsque celui-ci montre de la résolution, se couvre de honte et se déshonore à jamais.

Dès qu'une charge a réussi, on ne doit plus donner à l'ennemi le temps de se reconnaître. *Il n'y a rien de fait tant qu'il reste quelque chose à faire,* disait Fréderic. L'impression que produit sur l'ennemi une charge de cavalerie

---

terie russe de douze bouches à feu : sur les représentations de son brave colonel, M. Corbineau, le 5.ᵉ reçut l'ordre de prendre cette batterie, qui fut aussitôt enlevée, sans perte sensible, quoiqu'une partie des pièces tirât encore que nous sabrions déjà les artilleurs des autres, qui se défendaient à coups de levier et d'écouvillon. (*Note du traducteur.*)

victorieuse, doit être mise à profit sur-le-champ, afin de donner au combat une tournure décisive.

Si la cavalerie connaissait l'effet que produit en mainte occasion dans les rangs ennemis son aspect imposant, et si elle savait en tirer parti *à propos*, les exemples où elle décide du sort des batailles seraient bien plus nombreux.

Mais, en pareille occurrence, c'est le talent du commandant qui fait tout. Combien de fois ne voit-on pas des régimens, même des corps entiers, murmurer d'impatience, en brûlant du désir de se mesurer avec l'ennemi, tandis que ceux qui sont à leur tête, dénués d'un caractère vraiment guerrier, laissent passer, à peser le pour et le contre, des momens précieux qui ne reviennent plus.

Le prince de Condé, âgé de 22 ans, battit les Espagnols à Rocroy (19 Mai 1643) par l'impétuosité avec laquelle il exécuta ses attaques à la tête de sa cavalerie. Il commença l'action par tailler en pièces un corps de mousquetaires que Don François de Melos, général des Espagnols, avait fait placer en embuscade à la droite de Condé ; il attaqua ensuite la cavalerie de l'aile gauche de son adversaire, la rejeta sur la seconde ligne, qu'il culbuta également.

Pendant que le prince envoyait à la pour-

suite des fuyards une partie de sa cavalerie victorieuse, il attaquait l'infanterie ennemie avec les
escadrons de sa seconde ligne qu'il avait réunis
et fait porter sur sa gauche.

Déjà plusieurs bataillons étaient entamés, lorsqu'il est informé que son aile gauche est battue,
et qu'elle se retire en désordre : il conduit rapidement sa cavalerie vers ce point et, profitant
du moment où la cavalerie espagnole de l'aile
droite était entamée par une charge heureuse, il
l'attaque, dégage ses prisonniers, et met en fuite
tout ce qui peut échapper au fer de ses cavaliers.

L'infanterie espagnole, abandonnée de sa cavalerie, forma une colonne profonde, et commença la retraite ; plusieurs attaques de la cavalerie française, reçues par des décharges d'artillerie et de mousqueterie, furent repoussées.
Cependant cette vieille et intrépide infanterie
succomba sous les attaques sans cesse renou-
velées des Français : 20,000 hommes de la
meilleure infanterie, qui sous Charles-Quint et
Philippe II avait fait trembler l'Europe, furent
taillés en pièces par la cavalerie française, d'autant plus acharnée qu'elle avait fait des pertes
énormes.

La rapidité de la cavalerie transforme souvent
une défaite en un combat heureux, quand le

11

commandant des troupes qui n'ont pas encore
été engagées, conserve sa présence d'esprit; mais
il faut, en pareille occasion, se jeter *à temps* sur
l'ennemi qui poursuit les fuyards avec l'ivresse
tumultueuse que donne la victoire.

Ces momens ne peuvent s'indiquer, ils doivent être aperçus et saisis; mais il est de fait qu'un
seul escadron peut faire merveille dans un moment
critique.

A la bataille de Medellin (sur la Guadiana),
que le maréchal Victor gagna, en 1809, sur le
général Cuesta, les Français se retiraient de tous
côtés, lorsqu'un capitaine d'hussards, à la tête
de son escadron, attaqua et culbuta six escadrons espagnols qui s'étaient lancés à la poursuite des Français. [1]

---

[1] Ayant eu l'honneur de faire partie du 5.ᵉ régiment de chasseurs à cheval, à la bataille de Medellin,
où ce corps prit une part si glorieuse, je crois devoir
relever une erreur qui paraît avoir été commise par
l'auteur, lorsqu'il parle d'escadrons espagnols pour-
suivant les Français au commencement de cette action.

Le corps de M. le maréchal Victor, fort d'environ
dix mille hommes d'infanterie et trois mille chevaux,
ayant débouché de Medellin par le pont de la Guadiana, en avant de cette ville, marcha en ordre de
bataille jusqu'aux hauteurs en-deçà du village de Don-
Bénito, qui furent aussitôt couronnées par l'armée

Le général Lasalle, commandant la cavalerie du maréchal Victor, profita de cette circons-

---

espagnole d'Andalousie, forte de 45,000 baïonnettes et 5000 chevaux.

Le général français, voyant cette énorme disproportion, dut ordonner la retraite sur Medellin. Cette retraite s'exécuta comme si l'on manœuvrait à une revue, malgré le feu de quarante bouches à feu. Les Espagnols suivirent ce mouvement en étendant singuliérement leurs ailes; leur intention paraissait être de gagner nos deux flancs.

Arrivée au pont de la Guadiana, l'armée française fit halte; l'infanterie espagnole suivait les escadrons français à portée du pistolet. Dans ce moment critique, le général Latour-Maubourg charge les bataillons espagnols à la tête de trois régimens de dragons, tandis que les généraux Lasalle et Bordesoulle se jettent à bride abattue sur l'ennemi à la tête des 5.ᵉ et 10.ᵉ régimens de chasseurs à cheval.

Dans moins de cinq minutes l'armée espagnole ne présente plus qu'une masse informe fuyant vers Don-Bénito et Villa-nueva de la Serena. Quinze mille Espagnols furent taillés en pièces; six mille prisonniers et quarante bouches à feu furent les trophées de ce brillant fait d'armes.

· L'infanterie espagnole s'est plainte, avec raison, d'avoir été, dans cette sanglante échauffourée, abandonnée par sa cavalerie, qui n'a rien fait pour secourir ces malheureux fantassins, de tous côtés taillés en pièces et foulés aux pieds des chevaux. (*Note du traducteur.*)

tance avec tant de justesse et de promptitude, qu'il obtint une victoire complète.

Saint-Louis, que la victoire semblait vouloir abandonner à la bataille de Mansoura, voyant son frère le duc d'Anjou en péril, se met à la tête d'un escadron, se précipite sur les Turcs, renverse ce qui tente de lui résister, et dégage son frère presque entouré par l'ennemi. Cette action prompte et hardie rendit le courage à ses troupes et rétablit le combat.

A Coutras, Henri IV charge avec deux escadrons, qu'il avait fait précéder de trente gentilshommes volontaires armés de lances et disposés en avant-garde, la cavalerie de ses adversaires, la renverse, et, profitant de l'impression qu'avait produite sur les ennemis cette action héroïque, attaque avec succès leur infanterie.

César dit, en blâmant Pompée de s'être laissé prévenir à la bataille de Pharsale : « L'homme « renferme dans son ame un principe de cha- « leur et d'impétuosité qui s'accroît par le mou- « vement, et que le général doit mettre à profit. »

César était tellement persuadé des avantages de l'attaque que, quand il avait fait construire des retranchemens, il les quittait et reprenait l'offensive lorsqu'il se voyait pressé par l'ennemi : le succès couronna constamment une pareille résolution.

Les grands capitaines de tous les siècles ont agi d'après ce principe. Fréderic s'exprime clairement à ce sujet, dans une instruction adressée aux généraux de ses armées :

« Je permets, à la vérité, dit-il, que mes
« troupes occupent des positions avantageuses
« pour tirer parti de l'artillerie ; mais elles doi-
« vent les quitter et marcher courageusement à
« l'ennemi quand il attaque. Celui-ci, au lieu
« d'attaquer, sera attaqué lui-même, et verra son
« plan déjoué. La force de nos troupes consiste
« dans l'attaque, et nous n'agissons pas avec dis-
« cernement, si nous négligeons de nous assurer
« l'avantage.

L'histoire nous montre bien plus souvent la victoire du côté des assaillans que de celui des attaqués. L'attaque élève les forces à leur plus haut degré. La fortune favorise et sourit au plus hardi et au plus entreprenant. Le courage et l'assurance servent même à déguiser notre faiblesse.

Les avantages de l'attaque consistent :

1.º Dans le choix des points et du moment de l'attaque ;

2.º Dans la liberté de disposer des colonnes d'attaque, afin de s'en assurer le résultat ; ou bien,

3.º En cas d'échec, dans la facilité de parer à de trop grands désastres.

Les avantages de la défense consistent :

1.º Dans le choix des positions favorables ;

2.º Dans la force qu'on donne à ces positions par le secours de l'art ;

3.º Dans la facilité de pouvoir attirer l'ennemi dans des embuscades.

Les deux premiers de ces avantages ne soutiennent pas la critique.

On trouve bien rarement une position que la nature et l'art rendent inattaquable.

Les fameuses lignes de Wissembourg furent promptement et facilement forcées. Les retranchemens d'Essling ont été tournés. On s'est emparé des retranchemens de Borodino sur la Moscowa. La célèbre butte de Montmartre a perdu toute son importance. Gustave-Adolphe a trouvé deux positions inexpugnables ; Wallenstein, Frédéric et Wellington n'en ont trouvé chacun qu'une dans laquelle ils n'ont pu être attaqués qu'avec désavantage, comme, par exemple, Wallenstein par Gustave-Adolphe devant Nuremberg.

Le troisième avantage qu'on trouve dans la défensive, celui d'attirer l'ennemi sur des réserves ou dans une embuscade, est très-incertain.

Si Annibal est quelquefois parvenu à attirer ses ennemis dans des embuscades, comme Sempro-

nius sur le Trébia, et Flaminius près du lac de
Trasimène, c'est que ces généraux manquaient
d'expérience et de talens pour la guerre. Une
pareille ruse ne peut réussir que quand on est
assuré de l'imprudence de son adversaire. Un
général habile ne se laisse pas attirer dans une
embuscade, et quand il se trouve dans une situation embarrassante, son génie lui fournit les
moyens de s'en tirer.

Annibal s'échappa du piége que lui avait tendu
Fabius, dans le défilé de Casilinum, par une autre
ruse. Il ne lui restait d'autre chemin pour se retirer, que celui par lequel il était venu, et que
Fabius avait coupé. Il fit mettre en croix le guide
qui avait mené l'armée carthaginoise dans cette
vallée, au lieu de la conduire à Casinum en Cam-
panie. Deux mille bœufs, sur les têtes desquels
il fit attacher de petits fagots enduits de goudron,
furent chassés par ses ordres, la nuit, vers le
sommet d'une montagne. Pendant que les Romains, comme l'avait prévu Annibal, se portaient en hâte de ce côté, croyant y trouver
l'armée carthaginoise, et quittaient ainsi les
postes qui devaient défendre la sortie de la vallée,
Annibal atteignit et traversa le défilé sans être
inquiété.

En 1760, Frédéric était entouré, dans son

camp près de Liegnitz, par quatre corps d'armée ennemis, qui devaient l'attaquer le 15 Août. Dans la nuit du 14 le roi quitta son camp, surprit le général Laudon, qu'il battit complétement, en s'ouvrant le chemin de Breslau.

Le maréchal de Luxembourg, trompé par de faux renseignemens, fut surpris à Steinkerke par le prince d'Orange; mais, quoique son aile droite fût déjà presque repoussée, ses talens personnels et l'habileté de ses troupes lui donnèrent la victoire.

Le résultat de la surprise de Hochkirch nous fournit un autre exemple, et de génie de la part du général et de la force morale des troupes.

Les combats de Krasnoï et de la Bérésina eurent des suites de peu d'importance.

Vandamme fut victime de son imprudence à Culm.

CHAPITRE X.

Opérations de la cavalerie pour couvrir les positions et les mouvemens d'une armée.

La cavalerie a un double but à remplir. Souvent l'armée se rassemble sur un espace de terrain resserré, pour exécuter ces grandes opérations qui font époque dans l'histoire des guerres : alors la cavalerie est réunie en masse, pour rendre l'explosion plus terrible et plus destructive, en se précipitant sur les lignes ennemies, lorsqu'elles sont ébranlées et affaiblies par l'effet des armes à feu. D'autres fois, pendant que l'armée se prépare à une grande bataille, ou bien qu'elle se repose en occupant une plus grande étendue de pays, la cavalerie doit veiller à sa sûreté.

Ce double but a opéré la division de la cavalerie en *cavalerie de ligne* et *cavalerie légère*.

La formation de la cavalerie, indiquée dans les 5.ᵉ et 6.ᵉ chapitres, fait disparaître cette différence d'armes, chaque régiment, chaque escadron se composant de cavalerie de ligne et de cavalerie

légère : chaque division de troupes formera un
corps solide, soutenu et entouré, selon les circonstances, par ses éclaireurs, soit pour assurer
sa propre marche, soit pour éclairer celle de
l'ennemi.

De cette manière le chef de la cavalerie ne
sera pas restreint dans ses mouvemens, et il
pourra tirer parti, comme il le voudra, des
talens de ses généraux et de ses colonels.

Il destine au service des avant-postes ceux
qui possèdent l'activité et la force physique re-
quises, jointes à l'esprit de ruse, à la prudence
et à la facilité de saisir l'à-propos, indispensables
à un bon commandant d'avant-postes : il place à la
réserve ceux qui se distinguent par une valeur
opiniâtre, et pour lesquels la réflexion est un
fardeau.

Le choix du général devient facile; l'organisation des régimens étant la même, il n'a plus qu'à
examiner la force intellectuelle, le caractère des
hommes qu'il emploie.

La manière dont la cavalerie doit prendre position, manœuvrer et combattre, afin d'occuper
dignement le poste qui lui est assigné dans
l'ordre de bataille, et d'ajouter par de grands
résultats de nouveaux lauriers à sa réputation,
a déjà été exposée.

Mais il faut encore considérer la cavalerie comme destinée, tantôt à assurer et couvrir les positions et les mouvemens de l'armée, tantôt à éclairer et reconnaître les mouvemens et les positions de l'ennemi.

L'armée a-t-elle pris une position, la coopération de l'infanterie devient nécessaire à la cavalerie; mais cette dernière arme couvre seule les mouvemens de l'armée.

Les divisions de troupes légères, formées d'infanterie et de cavalerie, s'encombrent et se gênent pendant la marche, sans que les deux armes puissent se soutenir mutuellement, chacune d'elles manquant de la force nécessaire pour exécuter une tentative vigoureuse, et ne pouvant par cette raison compter sur un soutien efficace de la part de l'autre. Il se passe des campagnes entières sans que ces divisions légères fassent rien de remarquable.

Lorsqu'on entremêle les différentes armes avec trop de soin et de précaution, l'on détruit la confiance que chacune a en elle-même. La confiance en soi-même est, pour les corps comme pour les individus, la force morale qui conduit aux grandes actions et en assure les suites.

Le mouvement est l'élément de la cavalerie, ce qui la rend utile sur tous les terrains, aussi long-temps qu'une armée manœuvre.

En 1692, la cour de France donna à M. de Catinat le commandement d'une armée de cent bataillons et de quarante escadrons, à la tête de laquelle il entra en Piémont.

Victor-Amédée n'avait à opposer à cette armée que dix-huit bataillons, mais soixante-quatre forts escadrons.

Dès que ce prince eut saisi le plan d'opération des Français, il se jeta dans les Alpes, passa la Durance, prit Gap, Embrun, etc., et força ainsi son adversaire à renoncer à l'offensive.

La prise de la ville de Gotha, fortement occupée par de l'infanterie et du canon, par le général Seidlitz, à la tête d'un corps de 1500 chevaux, prouve qu'un général hardi peut entreprendre, à la tête de sa cavalerie, les opérations les plus téméraires, lorsqu'il sait juger des circonstances et profiter du moment [1]. Cette action fonda la gloire de Seidlitz, tandis qu'elle couvrit de honte le prince de Soubise.

En 1793, le duc de Yorck eut un moment l'idée de marcher sur Paris, à la tête de cent cinquante escadrons.

Le général Czernitschef, à la tête de 2000

---

1 Cette belle entreprise, qui eut lieu en 1757, est décrite avec beaucoup d'éloquence par l'historien Archenholz.

chevaux et quatre pièces d'artillerie légère, a
exécuté, à la fin de Septembre 1813, sur Cassel,
une opération hardie, et dont les suites furent
brillantes. Arrivé devant cette résidence, il fit
attaquer, par des hussards d'Isum et des Cosaques, l'infanterie et les six bouches à feu placées
près de Bettenhausen. L'infanterie fut dispersée
et perdit ses pièces.

Le roi de Westphalie profita du moment où
ce combat s'engagea, pour s'échapper avec deux
bataillons de sa garde et 1000 chevaux.

Czernitschef fit attaquer et forcer la porte de
Leipzig, et accorda la libre sortie au général
Alix, en le faisant escorter à la distance de deux
milles par des Cosaques.

La guerre de 1813 présente un grand nombre
de tentatives par lesquelles les partisans se sont
distingués.

Les opérations des chefs de partisans Scheiter,
Thielman, Mensdoff, Platow, Czernitschef,
Walmoden, Tettenborn, Dörnberg, Lutzow, etc.,
méritent d'être étudiées par les jeunes officiers.

———

Pour pouvoir assurer les positions et les mouvemens d'une armée, il faut que l'avant-garde
soit également exercée à prendre position, à manœuvrer et à combattre. Le 4.° livre des *Élémens*

du service en campagne, développera ces positions, manœuvres et combats. L'on indiquera ici seulement les principaux mouvemens :

A. Positions :

    1.° Camp,

    2.° Cantonnement,

    3.° Grande garde.

B. Mouvemens proprement dits :

    1.° Avant-garde,

    2.° Arrière-garde,

    3.° Éclaireurs.

C. Combats,

    1.° De jour,

    2.° De nuit.

A. POSITIONS.
1.° *Camp.*

Les régimens de l'avant-garde camperont en demi-cercle, en avant du front *de bandière* de l'armée et, autant que possible, derrière des obstacles naturels, comme des rivières, etc., en avant desquels on ne placera que les grandes gardes.

A ces dispositions de tactique doivent se joindre les facilités de se procurer les subsistances ; l'eau pour les chevaux ne doit jamais manquer.

En été, les plaines couvertes de grains, ou les prairies sur terrain ferme, à proximité d'un ruisseau et de quelques grands arbres qui donnent de l'ombrage, sont les emplacemens les plus agréables et en même temps les plus avantageux pour camper, en ce qu'ils favorisent le prompt déployement des troupes. Dans l'arrière-saison on s'appuie à des villages, moulins, censes, etc.

C'est une mauvaise habitude de ne prendre position qu'à la chute du jour : les hommes et les chevaux, si cela dure, en éprouvent l'effet destructeur au bout de quelques semaines.

Il devient impossible de se reconnaître, et souvent l'on sait à peine de quel côté est l'ennemi.

Le soldat cherche à se procurer du bois, de la paille, du fourrage, etc., et le plus souvent il n'en trouve point. Les plus grands excès se commettent lorsqu'une troupe d'hommes, mécontens d'avoir cherché aussi long-temps inutilement, rencontrent un village ou quelques maisons isolées.

Un général qui veut maintenir l'ordre et la discipline, doit s'astreindre à des heures réglées, et fixer celle du campement de manière à ce que la soupe puisse se faire avant la nuit.

Cela était d'usage anciennement ; mais aussi l'on se mettait en marche au point du jour.

Lord Wellington est le seul général de nos jours qui ne se soit jamais écarté de ce principe, fondé sur le bien-être de son armée.

Les batailles et les combats forcent naturellement de s'écarter de cette règle.

2.º *Cantonnemens.*

Avant qu'un régiment ou un escadron se cantonne dans un endroit, les environs doivent avoir été reconnus, les mesures de sûreté avoir été prises par le placement des grandes gardes, l'envoi des patrouilles, etc.; le rendez-vous d'alarme choisi et désigné, l'endroit divisé en autant d'arrondissemens, portant chacun son numéro, qu'il y a d'escadrons; enfin, les moyens concertés avec les autorités locales pour la subsistance de la troupe.

En 1809, le soir de la bataille d'Eckmühl, une division de dragons (deux escadrons) fut surprise pour avoir négligé entièrement ces dispositions.

Lorsqu'on a de l'artillerie, on fait camper près d'elle une partie de troupe proportionnée aux circonstances.

C'est encore d'après celles-ci, et selon le degré de la proximité de l'ennemi, que l'on se décide à tenir les chevaux sellés ou dessellés pendant le jour.

Le livre 4 des *Élémens du service* indique la marche à suivre quand on reste plus d'une nuit dans un cantonnement, les mesures de sûreté à prendre, en renforçant les grandes-gardes, en envoyant des patrouilles fréquentes, et en prenant les armes avant le jour.

3.° *Grandes-Gardes.*

Lorsque des troupes occupent une position, on place, pour leur sûreté, des grandes-gardes, qui doivent être postées de manière qu'elles puissent tout observer du côté de l'ennemi, sans être remarquées elles-mêmes.

Les grandes-gardes mettent des piquets[1], ensuite une chaîne ou ligne de vedettes (doubles sentinelles à cheval), qui sera disposée de sorte qu'elles dominent tous les environs, et que rien ne puisse se glisser entre elles.

Il s'ensuit naturellement de là, que l'on doit agir de nuit d'après des principes tout différens.

Le premier soin d'un officier de grande-garde doit être d'éviter une surprise, ce qui de nuit et par un temps orageux demande la plus grande activité.

---

1 L'auteur appelle ici *piquets*, ce que nous appelons *petits postes* ou *postes intermédiaires* entre la grande-garde et la ligne de vedettes. (*Note du traducteur.*)

On exige de lui des rapports exacts ; un jugement sain et un coup d'œil juste lui sont indispensables.

Il arrive souvent, et c'est une grande faute, que les avant-postes, grossissant les objets, prennent cinq cents hommes pour mille ; il n'est pas rare de voir des yeux peu exercés prendre une brigade ordinaire de cavalerie avec quelques bouches à feu, pour une colonne de dix mille hommes. L'officier qui s'est rendu coupable plusieurs fois d'une pareille erreur, ne mérite plus aucune confiance.

L'on ne doit jamais se figurer le danger plus grand qu'il n'est réellement. Le courage doit s'accroître en raison du danger.

Donner l'alarme mal à propos, ou causer une fausse alerte à l'armée, est une faute souvent irréparable.

Le juste milieu entre la hardiesse et la prudence peut plutôt être saisi qu'expliqué ; quand quelqu'un n'en a pas le sentiment, il est impossible de le lui donner.

L'ancienne consigne des vedettes, qui leur prescrit de faire feu sur tous ceux qui s'approchent d'elles sans pouvoir donner le mot de ralliement, exige quelques éclaircissemens.

Lorsqu'une vedette reconnaît, dans la personne

qui l'approche, *un officier qui lui est bien connu,* elle ne doit pas tirer sur lui, au cas où il aurait eu le malheur d'oublier le *mot de ralliement.*

En général il doit être défendu aux vedettes de faire feu sur des hommes isolés.

Rien ne décèle plus d'inexpérience, pour ne pas dire de poltronerie, que de voir une vedette se porter d'un air menaçant sur chaque paysan qui a le malheur de passer près d'elle.

B. MOUVEMENS.

1.° *Avant-garde.*

L'avant-garde et l'arrière-garde sont, pour une armée en marche, ce que sont les grandes-gardes pour une armée en position. L'avant-garde doit se mouvoir avec circonspection.

En 1809, en Espagne, le 10.° régiment de chasseurs à cheval français, formant avant-garde, s'étant livré avec imprévoyance et avec trop de chaleur à la poursuite de l'ennemi, fut écrasé par la cavalerie espagnole cachée derrière un village.

Les orgueilleux chasseurs à cheval de la garde impériale, sous Lefebvre-Desnouettes, furent, en Espagne, à la suite d'une pareille imprudence en partie sabrés et repoussés dans la rivière qu'ils venaient de passer à la nage. Cet échec ne déplut pas aux soldats français, qui depuis long-temps souhaitaient que ces arrogans éprouvassent quelque mésaventure.[1]

L'avant-garde doit être divisée et former une chaîne de tirailleurs, pour éclairer le pays que doivent parcourir les colonnes.

L'heure, le terrain et le temps qu'il fait, seront soigneusement observés.

De jour, par un temps serein et dans un pays ouvert, l'on manœuvre avec plus de sûreté que de nuit ou par un temps pluvieux et nébuleux, et sur un terrain coupé, boisé, etc.

L'avant-garde examinera tous les objets à sa portée.

Dans les endroits habités on questionne les gentilshommes, les prêtres, les forestiers, les bourguemestres, les aubergistes, etc.; dans la campagne, les pâtres, les paysans et tout homme qu'on rencontre. Il est peu de réponses, dont

---

1 Si quelque militaire français, oubliant son honneur et sa dignité, a pu se réjouir jamais de l'échec de ses frères d'armes, il a dû renfermer en lui des sentimens aussi ignobles et aussi peu français; en les manifestant, il se serait couvert du plus juste mépris. (*Note du traducteur.*)

on ne puisse tirer quelques renseignemens plus ou moins utiles.

Si l'avant-garde a un rapport à faire, il faut que l'homme chargé de ce rapport ait vu *de ses propres yeux* ce dont il est question ; le rapport y gagnera en clarté. Cette règle s'applique surtout aux rapports verbaux, parce que celui qui reçoit le rapport, peut questionner celui qui en est chargé sur les circonstances qui y ont trait.

2.º *Arrière-garde.*

Une des tâches les plus difficiles est la conduite de l'arrière-garde.

La force de la cavalerie consiste dans le choc, mouvement qui, dans cette circonstance, devient d'un effet très-incertain.

Lorsqu'on est serré de près par l'ennemi à un défilé, il n'y a qu'une attaque vigoureuse qui puisse l'arrêter.

De pareilles circonstances fournissent bien des fois aux officiers et aux cavaliers l'occasion de s'acquérir de la gloire par leur bravoure et leur présence d'esprit.

Afin d'entretenir le courage des troupes et de tenir l'ennemi en respect, une armée qui se retire engage de temps en temps quelques petits combats.

Le 26 Mai 1813, pendant la retraite de Gœr-litz à Schweidnitz, le prince Blücher fit attaquer l'avant-garde de l'armée française.

Pendant que le colonel Mutius se retirait avec la véritable arrière-garde, par la plaine, en arrière de Haynau, vers Steuditz, le colonel Dolfs était en position masquée avec vingt escadrons près de Schellendorff.

L'incendie d'un moulin à vent servit de signal pour annoncer l'approche de l'ennemi (la division Maison), qui parut à trois heures après-midi.

Le colonel Dolfs se précipita sur l'ennemi avec tant de promptitude et d'impétuosité, que celui-ci n'eût plus le temps de former ses masses; ceux des Français qui ne purent atteindre le village de Michelsdorff, furent pris.

Tout cela fut l'ouvrage d'un quart d'heure. Le colonel Dolfs, qui, d'après Gneisenau, déploya des talens dignes d'un Seidlitz, resta mort parmi les ennemis.

Le 25 Février 1814, le prince royal de Wurtemberg (aujourd'hui roi) fit, pendant la marche rétrograde de la grande armée alliée de Troyes à Bar-sur-Aube, attaquer, par deux escadrons, l'ennemi débouchant de Vandœuvres, manœuvre par laquelle celui-ci fut repoussé une lieue en arrière.

3.° *Patrouilles ou avant-coureurs.*

L'avant-garde, soit qu'elle ait pris position, soit qu'elle se trouve en mouvement, couvre tout le terrain en sa possession. L'horizon borne la sphère où elle doit agir.

Mais cela ne suffit point à la sûreté d'une armée.

En conséquence l'avant-garde envoie des coureurs qui parcourent le pays dans différentes directions, afin d'augmenter la sûreté par des renseignemens qu'ils vont chercher au-delà du rayon visuel.

Il suit de là que le but de ces patrouilles ou avant-coureurs ne peut ni ne doit être de combattre.

Une patrouille doit se mouvoir avec promptitude, s'habituer à voir avec clarté, et faire des questions *sensées,* afin de fournir un rapport clair et circonstancié.

Elle évitera tous les endroits habités, et se tiendra éloignée des grandes routes, de manière cependant à ne jamais les perdre de vue.

Elle prendra, autant que possible, pour revenir, un autre chemin que celui par lequel elle se sera portée en avant.

Les troupes d'avant-coureurs ne doivent jamais

être trop nombreuses ; trois, cinq et tout au plus neuf hommes suffisent au but proposé.

Il est de l'intérêt de l'ennemi de ne point laisser pénétrer ses mouvemens : l'on a, de son côté, le plus grand intérêt à chercher à les découvrir, mais sans qu'il puisse s'en douter, ce qui ne peut réussir qu'à un petit nombre d'hommes.

Lloid traite cette question très-sensément, et assure que 1500 hommes suffisent pour faire ce service pendant toute une campagne près d'une armée.

Une troupe nombreuse ne peut marcher sans être aperçue, et court risque d'être coupée : peu d'hommes peuvent se cacher, tout observer sans être vus, et pénétrer partout en prenant des chemins détournés.

Celui qui *patrouille* bien est maître du terrain et supérieur à son adversaire.

L'ennemi a les mêmes prétentions sur le terrain situé entre les deux armées.

Les deux partis ont leurs avant-coureurs, leurs espions.

Il faut user de grandes précautions avec les espions, surtout en pays ennemi, afin qu'ils ne servent pas l'ennemi de préférence à nous et qu'on ne paie pas des traîtres.

La méfiance, défaut détestable en toute autre

occasion, est indispensable envers l'habitant du pays qu'on occupe en temps de guerre.

Les jeunes officiers chercheront de bonne heure à acquérir la facilité de se reconnaître et de s'orienter.

Celui qui ne possède pas le moyen de se reconnaître sur un terrain, se trouve dans une situation embarrassante, lorsqu'il est éloigné de l'armée.

Il se trouvera en plein jour comme au milieu d'un brouillard ; chaque forêt sera pour lui un labyrinthe. Jeté dans l'irrésolution et la perplexité, il calculera et agira toujours à faux : il décèlera sa marche en prenant sans cesse des guides qui s'empresseront de le livrer à l'ennemi.

Chaque compte qu'on lui rendra, chaque ordre qu'il recevra, seront mal conçus par lui : il prendra sa droite pour sa gauche ; ses propres rapports seront faux, obscurs et inintelligibles pour ses chefs.

L'art de faire une reconnaissance, l'habileté à s'orienter, n'est autre chose que la faculté de se représenter, par abstraction, une contrée, par le moyen de quelques points principaux, et de s'en rappeler l'ensemble.

Le dessin développe cette science.

Le dessinateur s'habitue à se représenter, d'après le croquis de points choisis ou d'objets fixes, des positions entières, ainsi qu'on pourrait le faire sur une planchette.

C. COMBATS.

1.° *Combats de jour.*

La cavalerie joue un grand rôle dans les plaines ouvertes.

Le tirailleur à cheval a, dans ce cas, une supériorité tellement marquée sur le tirailleur à pied, que celui-ci ne peut lui tenir tête.

Dans les terrains coupés et couverts, l'on fait mettre pied à terre à des tirailleurs de la cavalerie, afin de les opposer à ceux de l'infanterie, moyen qui rétablira l'égalité du combat.

Les tirailleurs de la cavalerie conserveront même à pied l'avantage tant qu'ils combattront à rangs ouverts : ils seront moins fatigués que ceux de l'infanterie, chargés de leurs sacs souvent pesans ; après le combat ils retrouveront leurs chevaux et, en supposant que le mousqueton ne porte pas aussi loin que le fusil du tirailleur de l'infanterie, ils n'auront qu'à s'approcher à bonne portée, afin d'être certains de faire à l'ennemi autant de mal qu'ils peuvent en recevoir.

Le tirailleur de la cavalerie a son sabre à opposer à la baïonnette.

Le 28 Septembre 1813, le général Thielmann fît attaquer, par des cavaliers ayant mis pied à terre et à la tête desquels se trouvait le prince Biron de Courlande, le grand bâtiment des fabriques d'Albert, près de Zeitz, défendu par de l'infanterie. A côté des Cosaques l'on voyait des Hongrois, des Bohémiens et des Prussiens ; après quelques coups de carabines, l'édifice fut escaladé le sabre à la main, nombre de ses défenseurs taillés en pièces, un colonel, 55 officiers et plus de 1000 hommes pris.

L'infanterie écossaise se sert, pour l'attaque, souvent et avec confiance, de son sabre alongé et dont la poignée est couverte par une garde en forme de panier.

En Calabre, dans la plaine de Maïda, en 1806, où sir John battit, avec 4000 Anglais, 7000 Français sous les ordres de Regnier, un régiment d'infanterie écossaise, tenant le sabre élevé dans la main droite, le fusil dans la main gauche, attaqua avec succès le 4.ᵉ régiment de chasseurs à cheval français. [1]

Lorsque l'avant-garde *sait qu'elle arrive en présence* de l'ennemi, elle se déploie, selon

---

1 Reste à savoir sur quel terrain et dans quelle circonstance cet événement peut avoir eu lieu. (*Note du traducteur.*)

que le pays est ouvert ou coupé, et à raison des
renseignemens qu'on peut avoir sur les projets
de l'ennemi, ou des mouvemens qu'on lui voit
faire.

On ne doit jamais, en pareille occurrence,
négliger de s'emparer des hauteurs qui dominent le terrain.

Si l'avant-garde donne *inopinément* sur l'ennemi ou dans une embuscade qu'il aurait disposée, les subdivisions de la tête se précipite-
ront sur lui avec résolution et impétuosité.

Par là on causera à l'ennemi la surprise qu'il
préparait à son adversaire, moyen qui réussira
plus souvent qu'il n'échouera.

Cela s'explique facilement.

Un ennemi caché ne voit ordinairement pas
son adversaire qui s'avance sur lui, et il ne peut,
par conséquent, avoir aucune donnée certaine
sur sa force.

L'embuscade est-elle attaquée impétueusement
au moment où elle compte attaquer elle-même,
l'étonnement s'empare des troupes qui la composent.

Ajoutez à cela que, dans la retraite, le soldat
perd facilement contenance, pense plus à sa
conservation qu'à sa gloire, et croit plus facilement à sa propre perte qu'à celle de l'ennemi.

2.° *Combats de nuit.*

Toute grande-garde en position ou avant-garde en marche, qui sera attaquée, se jettera vigoureusement sur les assaillans, sans calculer leur nombre.

L'obscurité de la nuit couronnera de succès cet acte de présence d'esprit.

L'ennemi le plus résolu sera étonné lorsque, croyant attaquer, il se verra attaqué lui-même.

Trente chevaux mettront la confusion dans toute une colonne d'attaque.

La tête de la colonne ennemie repoussée se mêlera avec les nôtres ; le désordre ne fera qu'augmenter, et l'ennemi, déconcerté, croyant son plan déjoué ou trahi, finira par y renoncer.

L'on peut exiger avec raison cette conduite de chaque officier de grande-garde en pareille occasion.

En supposant même que l'ennemi, également brave, de sang-froid et aussi impétueux que nous, mais plus nombreux, repousse l'attaque, ce qui est à peine présumable et n'arrivera que bien rarement, il sera toujours honorable d'avoir tenté cet effort vigoureux.

Le caractère distinctif de la valeur consiste à ne jamais balancer lorsqu'il est question de l'honneur et du devoir.

Dans cette hypothèse l'honneur d'un officier est en jeu, et son devoir lui commande impérieusement de tout faire, d'employer tous les moyens en sa puissance pour attaquer l'ennemi, le repousser ou au moins l'arrêter, afin de donner aux siens le temps de se préparer au combat.

La guerre consiste dans une série d'actions : il n'est plus question de droit, mais d'agir ; le plus agissant et le plus actif sera victorieux. La résolution et l'assurance produisent les actions promptes et hardies : rien n'est plus dangereux que l'irrésolution.

CHAPITRE XI.

Opérations de la cavalerie pour éclairer les mouvemens de l'ennemi et reconnaître ses positions.

A. *Reconnaissances, découvertes.*

Il y a

1.° Des reconnaissances armées ou à force ouverte ;

2.° Des reconnaissances secrètes ou cachées.

1.° Les reconnaissances armées ont pour but l'armée ennemie ou ses positions ; elles se font avec des portions de troupes assez fortes pour que l'ennemi ne puisse les empêcher d'atteindre le but proposé.

Le général en chef y assiste ordinairement ; le général de cavalerie s'y trouve toujours.

Arrivé en présence de l'ennemi, on attaque impétueusement ses avant-postes, on les culbute pour s'emparer de quelque hauteur dominante, de laquelle le général en chef, ou son lieutenant, puisse librement faire ses reconnaissances.

La retraite doit s'opérer promptement, et avoir

été assurée par des régimens et des escadrons avantageusement placés.

Le général Turpin indique une disposition générale pour les reconnaissances.

Il part avec six escadrons; arrivé à une lieue et demie de l'ennemi, il laisse en position ses escadrons, à une demi-lieue de distance l'un de l'autre, sur un des côtés de la route.

Aussitôt qu'il arrive en présence de l'ennemi, l'escadron de la tête culbute ses avant-postes et les chasse en arrière; après quoi il se disperse en tirailleurs, pour former une ligne, pendant que deux autres escadrons prennent position et que le général en chef fait sa reconnaissance.

L'on fait ordinairement des reconnaissances à force ouverte :

a) Avant une bataille, pour observer et reconnaître la position de l'ennemi, soit qu'on veuille l'attaquer ou attendre qu'il attaque lui-même;

b) Lorsque l'ennemi se retire sans avoir combattu, afin d'observer sa marche, ou bien, lorsqu'on veut soi-même se retirer, afin de cacher cette marche rétrograde.

2.° Les reconnaissances secrètes ou cachées n'ont en vue qu'une partie de l'armée ennemie ou de ses positions : des officiers intelligens en sont chargés ; l'on y emploie ordinairement le quart d'un escadron ou un peloton, quelquefois deux jusqu'à trois escadrons, selon les circonstances.

Le secret est une condition essentielle de la marche : elle se fait ordinairement de nuit et par des chemins détournés, afin d'avoir atteint, avant le jour, le but de la reconnaissance.

L'on évite pendant la marche les endroits habités, et l'on tourne les postes ennemis ; on rafraîchit dans les bois, et on a soin d'éviter les patrouilles ennemies.

Des guides sûrs sont indispensables, et des espions fidèles peuvent rendre des services essentiels. Si vous êtes obligés de vous adresser aux habitans pour avoir des renseignemens, les questions doivent être énigmatiques, pour ne jamais trahir votre intention. Aussi long-temps qu'on peut être observé par les habitans, on marche dans une direction différente de celle qu'on veut suivre.

Lorsqu'en dépit des précautions recommandées, une reconnaissance rencontre l'ennemi sans pouvoir se cacher ou se retirer avec ordre, il ne lui reste d'autre parti que d'attaquer courageusement.

13

Quand on est plus fort que l'ennemi, on ne lui laisse pas le temps de faire demi-tour, de fuir et de donner l'alarme. Si on est plus faible, il est trop tard et inutile de tourner bride; l'ennemi se mêle avec vous avant que vous ayez pu faire demi-tour.

La présence d'esprit conduit à attaquer: l'attaque fait gagner du temps; ce qui est décisif en pareil cas.

La nuit, surtout, l'avantage restera à l'attaquant.

Fait-il jour et que l'on soit forcé à la retraite, on prend sa direction vers un bois, devant lequel on s'arrête en faisant bonne contenance, par où l'on se donne l'apparence d'être soutenu par de l'infanterie cachée dans le bois.

On sonne le ralliement, on fait reprendre haleine aux chevaux, on ordonne le mouvement, et on rompt lentement.

Un ennemi prudent ne se jettera pas inconsidérément sur un terrain boisé.

Au pis aller, l'on se disperse pour chercher son salut dans une fuite partielle, en calculant que l'ennemi ne peut pas nous gagner de vitesse. Il est pour cela nécessaire de faire connaître la contrée au détachement, et qu'à chaque halte on s'oriente de nouveau d'après le ciel.

Il serait à propos que chaque officier portât sur lui une boussole.

L'on a déployé de tout temps beaucoup d'adresse et de ruses de guerre dans ce genre d'opérations. Les anciens ouvrages sur la guerre en sont remplis.

Le général Luckner, dans la guerre de sept ans, faisait souvent ses reconnaissances déguisé en paysan ou en hussard ennemi.

De pareils déguisemens exigent de la prudence et une grande adresse.

Dans une reconnaissance l'on doit être en garde contre les illusions optiques.

Une masse, vue par devant, cache toutes les subdivisions placées derrière elle. Les positions en échelon ou en échiquier font illusion, et sont par conséquent très-difficiles à juger.

On compte les drapeaux et les intervalles.

Afin d'observer avec justesse, il devient nécessaire de connaître la forme des régimens, bataillons et escadrons de l'ennemi, ainsi que sa manière de camper.

L'on reconnaît la direction et le mouvement des colonnes par l'éclat que jettent les fusils, les nuages de poussière, etc.

Lorsqu'on voit continuellement la réverbération du soleil sur les armes, la colonne avance.

Si la réverbération est interrompue et vue seulement d'en haut, par les baïonnettes, la colonne présente le flanc à l'observateur et marche de côté.

L'officier chargé de la reconnaissance doit chercher à s'assurer si l'armée ennemie est bien pourvue de subsistances, si elle est animée d'un bon esprit, si elle désire d'en venir aux mains, si la discipline est sévère, si le service se fait avec exactitude ou négligemment, les discours qui s'y tiennent, etc.

L'on recueille ces renseignemens par le moyen des prisonniers, des déserteurs, des espions et des habitans.

Si des réponses isolées méritent peu de croyance, l'on peut cependant, de leur ensemble, tirer une conclusion : il ne faut pas se rebuter, dans ce cas, de faire des questions.

Lorsque la reconnaissance a pour but d'explorer militairement un pays, ou de tracer les chemins de colonnes, des officiers d'état-major en sont chargés ; l'officier de cavalerie ne commande alors que l'escorte.

B. *Surprises.*

Lorsque les armées restent quelque temps dans l'inaction, en présence l'une de l'autre, et que le général en chef ne peut avoir des nouvelles certaines des projets de l'ennemi, il ordonne des surprises, afin de faire des prisonniers, surtout parmi les officiers, s'il est possible.

Pour tenter avec succès une surprise, il faut connaître parfaitement le poste ennemi qu'on veut enlever, ainsi que ses communications avec les autres postes.

L'on acquiert ces renseignemens en envoyant des soldats déguisés, ou par les réponses des paysans et des transfuges.

Peut-on tourner le poste ennemi, il est probable que la surprise réussira.

Dans cette circonstance, l'étonnement d'être pris à revers sera le plus puissant auxiliaire de l'assaillant.

Les difficultés dont une surprise est accompagnée, en favorisent ordinairement le succès.

Plus la position d'une troupe est forte, moins elle pressent le danger.

Le mauvais temps peut être compté comme une des circonstances les plus favorables à la surprise, en ce qu'il endort la vigilance.

Lorsqu'on joint à toutes ces causes la considération morale, que l'homme réveillé en sursaut et effrayé pourra difficilement se reconnaître, que la confusion et le désordre seront inévitables, parce que la présence d'esprit manquera aussi bien à celui qui doit commander qu'au subordonné, il est facile de concevoir pourquoi l'on voit beaucoup plus de surprises réussir qu'échouer.

Quiconque a assisté à ces momens effrayans, a pu faire d'intéressantes observations.

La campagne de 1813 contient un grand nombre de surprises heureuses.

La surprise faite sur Freiberg, le 28 Septembre, par les Autrichiens, sous Scheiter, sera toujours considérée comme une belle opération.

Le général de division italien Pery se laissa surprendre d'une manière inexcusable, près de Kœnigswartha, par le général Barclay de Tolly; la division italienne fut dispersée, en grande partie prise, et perdit onze bouches à feu.

La campagne de 1814 même ne s'est pas passée sans surprises exécutées heureusement du côté des alliés. [1]

---

1 L'on peut citer aussi celle exécutée par une brigade de l'armée du Rhin, sur la division autrichienne

Le combat d'Épinal, du 11 Janvier, fut une véritable surprise en plein jour, de laquelle le prince royal ne put, à son mécontentement, tirer parti avec sa vivacité accoutumée, le terrain au-delà de la ville ne permettant pas le développement de la cavalerie.

La guerre de sept ans est fertile en entreprises hardies de ce genre.

Les surprises du prince héréditaire de Brunswick sur la petite ville de Zierenberg, et sur le corps français campé à Emsdorf sous le général Glaubitz, que le prince fit prisonnier en plein jour, sont de belles opérations.

Luckner savait principalement *tirer parti du moment,* et plusieurs surprises lui ont réussi de jour.

Il raconte lui-même celle de Butzbach en Vétéravie, en 1760, de la manière suivante.

---

du général Mazuchelli, dans le village d'Oberhausbergen, près de Strasbourg, le 9 Juillet 1815. Le défaut d'ensemble dans l'exécution des ordres, quelques retards du côté des Français, et les belles dispositions de M. le lieutenant-général badois de Schæfer, ainsi que la bonne contenance des troupes sous ses ordres, évitèrent au prince d'Hohenzollern-Hechingen le désagrément de voir tourner cet échec en une défaite des plus sanglantes. (*Note du traducteur.*)

« Je donnai ordre de se jeter en pleine car-
« rière à travers la porte, et, si cela n'était pas
« possible, de tourner au galop du côté de
« Friedberg et de tenter l'attaque de ce côté.

« Ce fut une fatalité que d'une patrouille
« d'un cornette et douze hommes nous n'en
« prîmes que onze, et que le cornette et un
« homme nous échappèrent : je donnai ordre
« de les poursuivre et de pénétrer avec eux
« dans la ville, coûte qui coûte, ce qui réussit.
« L'on ne voyait, dans la première furie, que
« gardes et infanterie ; mes hussards taillèrent
« tout en pièces, en criant : *Où est l'ennemi?*
« *Par la porte de Friedberg*, répondit-on.
« Nous nous y précipitâmes et fîmes encore
« beaucoup de prisonniers. »

Bulow, dans son *Gustave-Adolphe en Allemagne*, rapporte une surprise intéressante, tant
sous le rapport de la promptitude de la marche
que sous celui de sa parfaite exécution en général.

« Le roi se trouvait à Würtzbourg, Tilly de-
« vant Ochsenfurth. La possession de Hanau
« ayant paru d'importance au roi, il envoya,
« pour surprendre et s'emparer de cette place
« fortifiée et défendue par une garnison impé-
« riale, le colonel Haubold, à la tête de six

« compagnies de cavalerie et quelques cen-
« taines de dragons. Hanau est distant de dix
« milles d'Allemagne de Würtzbourg.

« Haubold se mit en marche de Würtzbourg à
« cinq heures du matin, quitta bientôt la grande
« route, passa le Mein près de Lengfeld, di-
« rigea sa marche par le Spessart, et le lende-
« main matin, entre quatre et cinq heures, il
« surprit Hanau et s'en empara.

« Il avait dans l'arrière-saison (en Novembre)
« fait, sans compter les détours, dix mille d'Al-
« lemagne en vingt-quatre heures, et pris une
« forteresse avec tous ses moyens de défense :
« de la garnison il ne resta au service d'Autriche
« que son commandant Brandeiss ; le reste prit,
« selon l'usage du temps, service dans les troupes
« du vainqueur.

« Le roi récompensa Haubold en lui don-
« nant le poste de colonel de ses gardes ; mais
« il faut, comme cela arrive souvent, que cette
« action ait été bientôt oubliée, puisque Hau-
« bold, mécontent, entra plus tard au service
« impérial. »

Beningsen ajoute encore un exemple instructif
d'une surprise qui a réussi.

Pendant l'été de 1794 ce général était à Trabe
en Lithuanie ; à cinq milles de lui, près de la

petite ville d'Oschmen, campait un corps polonais.

Beningsen résolut de le surprendre.

Il se mit en marche à trois heures de l'après-
dîner ; à sept, il fit rafraîchir pendant une
heure, à la petite ville d'Olschau, après avoir
parcouru deux milles.

Après s'être remis en marche, il ordonna à
cinquante Cosaques de se porter à une certaine
distance en avant de l'avant-garde ; ces cinquante
Cosaques étaient précédés eux-mêmes, à cinquante pas, par trois hommes.

Le plus grand silence fut ordonné ; l'on défendit de faire feu. Les cinquante Cosaques pré-
cédant l'avant-garde avaient pour instruction,
au cas où ils seraient attaqués ou rencontreraient
l'ennemi, de se retirer au grand galop, de parcourir une verste sur la route, de faire halte
ensuite et d'attendre l'avant-garde.

Par cette disposition la première grande-garde
de cavalerie fut coupée, ainsi que la seconde ; la
marche continua au travers d'un bois.

Lorsque le général eut atteint le bord de cette
forêt, il vit le corps ennemi à huit cents pas de
distance.

Il avait devant lui la rivière d'Oschmenka ; son
aile gauche s'appuyait à la ville d'Oschmen : deux

ponts larges et nouvellement construits sur la rivière y servaient de passage.

L'on apercevait assez de mouvement dans le camp; la cavalerie avait sellé et bridé : les Russes pouvaient tout observer avec précision.

Le jour commençait à poindre ; le général forma deux colonnes et déboucha de la forêt sur les ponts.

Les sentinelles des ponts firent enfin feu.

La cavalerie russe se précipita à bride abattue dans le camp, et y occasiona un désordre au-dessus de toute expression.

Six cents hommes furent taillés en pièces ; le reste, ainsi que l'artillerie et les bagages, tomba entre les mains du vainqueur.

Le plan d'une surprise doit se régler, comme toute autre opération, d'après son but et les lignes qui y conduisent.

Le secret de la marche est une des conditions les plus essentielles; le retour doit être assuré.

Les petites surprises réussissent communément après minuit; les grandes, au contraire, un peu avant le premier point du jour.

Il doit avoir été assigné d'avance un rendez-vous général après l'affaire, un mot de ral-liement, et un signe ou une marque faite avec un linge blanc, ou tout autre moyen.

L'on défend de faire usage des armes à feu,
et l'on aborde l'ennemi franchement, la lance
en arrêt ou le sabre à la main.

Le succès de l'entreprise dépend de la promptitude avec laquelle on l'exécute.

La plus petite partie, au plus la moitié des
troupes de l'expédition, doit être employée à
exécuter l'attaque sur le point qu'on veut surprendre; le restant doit être formé en ordre de
bataille à l'extérieur du point d'attaque, pour
pouvoir en disposer selon les circonstances.

Les surprises tentées par plusieurs colonnes
échouent bien souvent, parce que rarement les
colonnes arrivent ensemble à point nommé,
quand même on ferait régler les montres tous
les jours.

Afin de n'être surpris par aucun obstacle, il
faut, avant d'opérer, peser avec sagesse tous les
moyens de possibilité que présente l'opération.

Il faut du bonheur pour toute entreprise à la
guerre; mais la fortune est une belle qui donne
et retire ses faveurs assez souvent sans motif: la
persévérance ne suffit pas toujours pour fixer
cette inconstante.

C. *La petite guerre.*

Le but stratégique de la guerre est la défaite de l'ennemi. [1]

La guerre se divise en grande et petite guerre.

Si la grande guerre a pour but l'armée ennemie, la petite guerre se dirige sur ses lignes de communication.

La grande ou la véritable guerre consiste dans les opérations des armées respectives ; la petite guerre se fait par des partisans, et a pour but le matériel et les munitions de guerre et de bouche.

Les munitions de guerre et les vivres se trouvent réunis en magasins ou suivent l'armée ; elles sont alors sur la route de l'armée.

Un partisan déterminé (Théobald l'appelle *un corsaire sur terre*) ne se contente pas d'attaquer les convois sans fin du matériel, de les prendre, de les détruire, de retarder leur marche pour les surprendre et les enlever partiellement ; il attaque les troupes mêmes qui rejoignent l'armée pour la recompléter, les dépôts de cavalerie, les parcs de réserve, les hôpitaux, etc.

---

[1] Bulow dit, mais assez superficiellement : « Le but « de la guerre est la paix. » (*Note de l'auteur.*)

Plusieurs partisans habiles, et entreprenans peuvent faire à l'ennemi un mal incalculable; ils sont quelquefois à même d'arrêter une armée au milieu d'une opération, de paralyser ses mouvemens, de la forcer à rétrograder.

La tâche des partisans consiste à affaiblir l'ennemi de toutes les manières, et, pour y réussir, tous les moyens sont permis.

La petite guerre se fait ordinairement par des troupes légères.

Cette espèce de troupe se compose presque toujours de volontaires qui ne s'engagent à servir que jusqu'à la fin de la guerre. Ces corps se distinguent rarement par une bonne discipline.

Le choix de leurs chefs est la partie la plus importante; car tout repose ici sur le chef.

C'est un grand art que celui de discerner et de reconnaître les hommes à talent. En a-t-on trouvé un, il ne doit plus lui être donné d'entraves. [1]

Il faut laisser le champ libre aux partisans.

Mais il faut considérer si leurs opérations peuvent avoir des résultats avantageux, et si elles contribueront à remplir le but de la guerre,

---

1 Bulow.

ou bien, si elles se borneront à être la terreur des habitans paisibles et sans défense.

Dans la première de ces suppositions on trouvera l'honneur, dans la seconde de l'argent.

L'homme ne succombe que trop facilement à la tentation d'acquérir des richesses.

On profite des occasions de s'enrichir en raison du peu de confiance que l'on a dans la générosité du prince.

Les Anglais prouvent qu'ils connaissent le cœur humain : ils savent allier à propos l'*honneur* et l'*intérêt.*[1]

Tous les conquérans, tous les usurpateurs ont su se servir à propos de ces deux talismans. Ce sont deux passions auxquelles l'homme oppose rarement assez de force de caractère : car le principal mobile, dans ce bas-monde, est toujours l'*intérêt.*

Les partisans, tout en suivant le but de leurs opérations, doivent donner une grande attention à recueillir autant de renseignemens que

---

[1] Cet alliage, d'une morale peu sévère, ne peut se rencontrer qu'en Angleterre, dont l'armée mercenaire se compose autant d'étrangers que de nationaux. Des hommes qui se vendent ainsi, peuvent être récompensés par des guinées. Mais on peut se demander où est l'honneur ? (*Note du traducteur.*)

possible sur le compte de l'ennemi : enlever les
courriers, les personnages diplomatiques, in-
tercepter les dépêches, sont autant d'opérations
de leur ressort.

L'on a tant écrit sur la petite guerre, qu'il
sera facile à celui qui voudra l'étudier, de trouver, dans beaucoup d'ouvrages militaires estimés,
la conduite à tenir dans ce genre d'expéditions.

CHAPITRE XII.

Époques principales de l'histoire de la cavalerie.

Les *Scolotes*, peuple scythe, passent pour avoir été les premiers qui eurent la hardiesse de dompter le cheval, ce bel animal qui a fourni aux poètes de la Mythologie le sujet de la fable des Centaures.

On ne peut indiquer au juste quand et où l'on a commencé à se servir de chevaux dans les combats.

Il est cependant probable qu'au fameux siége de Troye l'on vit déjà combattre de la cavalerie, quoiqu'Homère ne s'explique pas clairement à ce sujet.

Ce qu'il y a de certain, c'est que les valeureux Scythes, descendans des Amazones, vaincus par Hercule sur les bords du Thermodon, vivaient avant la guerre de Troye, s'exerçaient continuellement à l'équitation et combattaient à cheval.

Les Grecs avaient peu de cavalerie, et c'est

14

au manque de cette arme qu'on attribue la défaite des Macédoniens à Messène et à Ithome.

Les guerres qu'ils eurent à soutenir contre les Perses, leur firent reconnaître l'avantage de la cavalerie, comme il en arriva aux Romains en face d'Annibal.

Agésilas, roi de Sparte, fut le premier en Grèce qui augmenta sa cavalerie dans la guerre contre les Perses.

Les peuples de l'Asie ont eu de tout temps une cavalerie nombreuse, et de nos jours encore on voit les Marattes, peuple indien, dont les forces réunies montent à 200,000 hommes de cavalerie, entrer en campagne avec 60 ou 80,000 chevaux.

L'Asie paraît être la véritable patrie du cheval; ce n'est que là qu'il atteint la beauté la plus régulière et la plus parfaite.

Pour manœuvrer, les Thessaliens et d'autres peuples de la Grèce disposaient, au rapport d'Élien, leur cavalerie en ordre profond.

L'invention de l'ordre profond est attribuée à Philippe, père d'Alexandre.

Alexandre s'écarta de cette méthode, et vainquit, avec sa cavalerie disposée en ordre étendu, celle de Darius, combattant en ordre profond.

Plus tard la cavalerie de tous les peuples de

la Grèce adopta l'ordre étendu ; mais elle ne fut jamais placée que sur une hauteur d'au moins quatre hommes, et non au-dessus de huit.

Les escadrons d'Annibal, forts de 64 cavaliers, étaient formés sur quatre rangs, formant seize files.

Les *turmes* des Romains avaient, d'après Végèce, huit files sur quatre rangs ; dix turmes formaient une légion : les turmes avaient entre elles des intervalles égaux à leur front.

A la bataille de Pharsale, le malheureux Pompée réunit quatre turmes, afin d'avoir des masses plus fortes et plus nombreuses ; mais il se laissa prévenir dans l'attaque, et sa cavalerie, supérieure à celle de César, ne lui fut d'aucun secours.

———

L'usage de la poudre à canon a introduit de grands changemens dans la tactique.

Berthold Schwartz, moine franciscain de Cologne, est unanimément considéré comme l'inventeur de la poudre à canon.

Mais long-temps avant lui on se servait de matières combustibles pour lancer, par la force de l'explosion, des pierres, des balles de fer et autres projectiles, ainsi que firent, en 1342, les Maures assiégés par les Castillans. Villazas dit

à ce sujet : « Leurs balles de fer avaient une
« telle violence, qu'elles enlevaient les membres
« des hommes comme s'ils étaient coupés avec
« un couteau, et la poudre avec laquelle elles
« étaient lancées, avait une telle force que les
« blessés mouraient sur-le-champ. »

Les feux grégeois, en y ajoutant la poix et
la naphte, avaient tous les élémens de la poudre
à canon actuelle. C'est donc à tort que l'on
fixe cette invention à l'année 1380 ; car il est
prouvé que les Arabes en avaient connaissance
avant les Européens.

Au siége de Ptolémaïs en Syrie, dans l'année
1290, les Égyptiens jetèrent des feux grégeois
à l'aide de trois cents machines de guerre.

Les Maures firent connaître l'usage des feux
grégeois aux Espagnols ; de ceux-ci il passa
aux Français et aux Anglais, et de ces derniers
aux Allemands.

D'après la chronique de Lubeck, l'hôtel de ville
de cette cité sauta en l'air, en 1360, par l'imprudence de l'ouvrier chargé de faire la poudre.

En l'année 1372, les habitans d'Augsbourg
firent feu de vingt canons en métal sur les Bavarois qui les assiégeaient.

On peut déduire de tout cela, premièrement,
que ceux qui fixent l'invention de la poudre

à l'année 1380, se trompent; et, en second lieu, que le pieux Berthold Schwartz, savant naturaliste et grand chimiste, n'en est pas le premier inventeur; qu'il ne fit vraisemblablement que perfectionner cette découverte, et qu'en conséquence on peut l'absoudre du péché d'avoir imaginé cette composition homicide.

Cent cinquante ans se passèrent avant que l'usage des armes à feu devînt général.

La tactique compte sept périodes depuis l'invention des armes à feu.[1]

La première commence à l'usage primitif des armes à feu, et s'étend jusqu'aux premières expéditions d'Italie, sous Charles VIII, ou bien du commencement du 14.ᵉ siècle jusqu'à la fin du 15.ᵉ

Cette époque, où l'art de la guerre commença à se relever de l'état de barbarie dans lequel il était tombé depuis la décadence de l'empire romain, comprend les guerres des Espagnols contre les Maures, celles des Anglais contre les Français, et enfin celles que se firent entre eux les états républicains d'Italie.

---

[1] Histoire de l'art de la guerre.

La cavalerie, composée de la noblesse, faisait dans cette période le noyau des armées, comme elle était le soutien des princes et des empires.

Lorsqu'il s'agissait de livrer l'assaut à une forteresse, d'occuper ou défendre un poste important, ou de toute autre action où il fallait une troupe résolue et valeureuse, les chevaliers descendaient de cheval et combattaient à pied.

Le comte de Normandie n'osa pas tenter d'assiéger le Quesnoy, parce que la garnison de cette ville consistait en chevaliers.

Outre les chevaliers et leurs écuyers, il y avait encore des archers, qui étaient les vassaux des premiers, et qui, armés et montés plus légèrement, faisaient le service de cavalerie légère.

Les chevaliers étaient entièrement couverts de fer, montaient des chevaux de bataille (chevaux entiers, *Streithengste*), qui étaient également garantis par une armure de fer.

Les armures de tête des chevaux étaient souvent richement travaillées en or et en argent.

Au siége de Harfleur, le cheval du comte de Saint-Pol avait une armure de tête du prix de trente mille écus, et celui du comte de Saint-Foix une de quinze mille ; toutes deux étaient garnies de pierres précieuses. [1]

---

1 Histoire de France.

Ces hommes de fer portaient une lance forte et longue, garnie d'une pointe acérée, une épée, un poignard et un pistolet : l'épée de bataille, de cinq pieds de long, pendait à l'arçon de la selle, ainsi qu'une massue ou une hache.

Les dispositions pour le combat étaient très-simples; on combattait corps à corps et homme contre homme.

Chaque chevalier se choisissait son ennemi, sur lequel il fondait la lance en arrêt, en cherchant à le désarçonner ou à le faire prisonnier.

Les écuyers ou hommes d'armes suivaient les chevaliers, leur servant de seconds, et formant une espèce de second rang ; ils leur présentaient de nouvelles armes, lorsque celles dont ils se servaient étaient brisées, ou leur amenaient d'autres chevaux quand les premiers étaient tués, sans combattre eux-mêmes.

Cependant ces écuyers, enflammés du noble désir de la gloire, cherchaient l'occasion de se distinguer et de mériter, par une action d'éclat, l'honorable dignité de chevalier.

Quand l'ennemi échappait aux chevaliers du premier rang, ou quand même il était victorieux, il se trouvait aux prises avec ces valeureux jeunes gens.

Cette rivalité de gloire a produit les faits d'armes les plus brillans.

Jusqu'à Charles le téméraire, ce belliqueux duc de Bourgogne, qui fit, en 1473, un réglement d'exercice, on ne connaissait pas les évolutions de l'art.

Il apprit à la cavalerie à attaquer tantôt en masse, tantôt à rangs ouverts, ou bien à réunir les chevaux en les accouplant, pour combattre à pied.

Le combat était presque toujours commencé par quelques chevaliers audacieux qui se portaient sur l'armée ennemie pour y porter défi à ceux qu'ils choisissaient dans ses rangs, et rehausser par là le courage des leurs.

La composition de l'état-major général était des plus simples à cette époque. Le prince commandait en personne; il avait sous lui *un maréchal de camp* à la tête de la cavalerie, *un général* pour l'infanterie, et *un maître de l'artillerie* (*Feld-Zeugmeister*), qui dirigeait et commandait tout ce qui avait rapport à cette arme.

Plus tard, les princes placèrent un maréchal à la tête des gens de leur cour.

On ne vit point d'écrivains militaires pendant cette première période : il n'y a que les réglemens de Charles le téméraire, duc de Bourgogne; ceux de Charles VII, roi de France, et ceux du fameux Ziska, chef des Hussites, qui aient passé à la postérité.

La seconde période, depuis les expéditions de Charles VIII en Italie jusqu'au commencement de la guerre des Pays-Bas, ou bien depuis la fin du 15.ᵉ siècle jusqu'au milieu du 16.ᵉ, comprend les guerres des Français, des Espagnols et des Allemands, en Italie.

La chevalerie continua à décliner.

Toute l'éducation de la noblesse de ce temps tendoit à développer un caractère guerrier.

Les fils des chevaliers servaient d'abord comme pages, puis comme écuyers, à la cour des princes ou des chevaliers les plus distingués.

Toute leur occupation consistait dans le maniement des armes, et à se familiariser avec les lois de la chevalerie.

Lorsqu'un page devenait écuyer, on observait plusieurs formalités, entre autres celle de lui ceindre une épée bénite.

La réception à la dignité de chevalier se faisait avec plus de pompe encore : la marque distinctive la plus importante consistait dans une paire d'éperons d'or.

En temps de paix, les *tournois* fournissaient

aux chevaliers l'occasion de s'exercer; ils y combattaient pour des prix que leur distribuaient les
dames.

Les armes dont ils se servaient pour ces jeux
guerriers étaient émoussées ; d'autres chevaliers
étaient préposés pour se jeter entre les combattans et les séparer, si cet exercice menaçait
de se changer en combat sérieux.

C'est là qu'on allait acquérir ce courage qui
fait mépriser le nombre des ennemis et compter
uniquement sur sa propre force, cette indiffé-
rence pour les dangers les plus grands et les
plus menaçans, cette insensibilité aux souffrances
du corps; vertus militaires qui n'ont plus trouvé
qu'une stérile admiration près des générations
suivantes, trop faibles pour les imiter. Il ne nous
reste qu'à regretter que les vertus de ces temps
reculés n'aient pas survécu à leurs vices.

Dès que Charles VII eut, en 1445, créé la
première cavalerie permanente, consistant en
quinze compagnies d'ordonnance, et que les
autres puissances eurent suivi cet exemple, la
levée des chevaliers dut tomber d'elle-même.

La cavalerie se composa alors de soldats commandés par des chevaliers ou officiers.

La grosse cavalerie, c'est-à-dire, celle armée
de lances ou de hallebardes, était encore cou-

verte d'une armure complète : les cavaliers portaient des casques à visière fermante, ornés de
dorure et de panaches, et ils montaient des
chevaux entiers couverts de fer.

La cavalerie légère parut alors sous diverses
formes et sous des noms différens, tels que les
francs-archers, les arquebusiers, les argoulets,
les chevau-légers, etc. : ces cavaliers étaient
armés plus légèrement et portaient chacun une
arquebuse.

A cette époque les Venitiens levèrent une
nouvelle espèce de cavalerie légère, formée des
Albanais, et qui firent beaucoup de mal aux
Français. Ils montaient des chevaux turcs très-
légers, étaient habillés à la turque, et se servaient fort adroitement de lances de onze pieds
de long : ils acquirent promptement de la renommée. Louis XII en prit 2000 à son service,
lorsqu'il marcha contre les Génois.

En Hongrie parurent les hussards, qui se
rendirent bientôt redoutables. D'après une ordonnance du milieu du 15.ᵉ siècle, un homme
sur vingt fut obligé d'entrer en campagne : on
nomma cette cavalerie, *hussards*, d'après le mot
hongrois *husz*, qui signifie *vingt*. Ils ont éprouvé
peu de changemens depuis leur institution.

Aussitôt que la cavalerie fut rendue perma-

nente, son ordre de bataille fut soumis à de
nouvelles dispositions.

La cavalerie allemande est la première qui ait
abandonné la formation sur un rang pour se
former en masse, disposition long-temps maintenue, et qu'on ne quitta que lorsqu'on se fut
convaincu que l'ordre profond ne pouvait convenir à la cavalerie.

Pour former une masse destinée à attaquer,
on la disposait de manière à ce qu'elle eût
autant de profondeur que de front : les lanciers
étaient aux premiers rangs et sur les côtés des
masses ; les archers ou les arquebusiers se trouvaient derrière les masses.

Lorsqu'on voulait engager le combat ou reconnaître l'ennemi, l'on envoyait en avant des coureurs ; à cet effet on prenait le dixième homme
des arquebusiers. L'infanterie avait également
ses coureurs, qui, réunis à ceux de la cavalerie, formaient, sur les devans de l'armée, une
ligne à l'abri de laquelle les masses se formaient
et se préparaient au combat.

Aussitôt que le combat était sérieusement engagé, ces avant-coureurs ou *enfans perdus* se
jetaient sur les deux flancs, pour les couvrir.

La cavalerie n'était point encore formée en
régimens ; mais elle était composée de cornettes,

compagnies et escadrons : chacun de ces escadrons était de 200 à 250 chevaux ; quatre ou cinq
escadrons réunis étaient commandés par un
colonel de cavalerie. Ces colonels étaient sous
les ordres du feldmaréchal ou maréchal de cavalerie : celui-ci se choisissait parmi les colonels
un remplaçant, que l'on appela feldmaréchal-
lieutenant ou lieutenant-général. La solde était
très-considérable, et suffisait amplement à tous
les besoins.

	florins.
Un colonel, commandant plus de 1000 chevaux, avait par mois..............	400
Le lieutenant-colonel..................	100
Le commissaire des vivres..............	40
Le secrétaire du colonel...............	24
Le capitaine avait, pour l'engager à tenir son escadron complet, un demi-florin de solde par cheval, ce qui faisait, pour 250 chev.	125
Le lieutenant.......................	40
Le cornette.........................	30
Le chapelain et le fourrier, chacun........	16
Un trompette ou timbalier..............	16
Un maréchal-des-logis	40
Un brigadier........................	25
Un cavalier.........................	12
Le maréchal-ferrant, l'armurier, sellier avaient chacun.........................	12

Chaque colonel avait, outre cela, huit trabans, et le capitaine deux, pour chacun desquels on leur payait huit florins : ces trabans ou gardes-du-corps étaient indispensables dans des temps où les mutineries des soldats étaient si fréquentes.

———

La troisième période de l'art de la guerre comprend la grande guerre de l'indépendance des Pays-Bas, depuis 1568 jusqu'à la trêve universelle conclue en 1609.

D'un côté combattaient l'art et les vieilles troupes aguerries par plus de cinquante ans de guerre, sous les règnes de Charles-Quint et de Philippe II ; de l'autre, les Hollandais, peuple qui ne vivait que pour le commerce et ne cultivait que les arts de la paix.

Les Hollandais ne parurent aux fiers Castillans qu'un ennemi indigne d'eux. Ce mépris et le manque continuel de paie qu'éprouvèrent les Espagnols, furent favorables à la cause de l'indépendance : la guerre traîna en longueur ; la discipline et la valeur des Espagnols dégénérèrent à proportion que les Hollandais se formaient aux armes.

Cette guerre a amené de grands changemens dans la tactique.

Les Hollandais ne purent lever le nombre de lanciers ou cavaliers dont ils avaient besoin, par la raison qu'il devenait de jour en jour plus difficile de se procurer de bons chevaux de bataille.

En conséquence le prince d'Orange ne donna point de lances à la cavalerie levée en Allemagne, et chercha à remédier à ce défaut par une plus grande mobilité; il remplaça cette première arme par de longs pistolets d'arçon. Lorsque les lanciers espagnols chargeaient, les cavaliers allemands les recevaient en faisant une décharge générale, s'ouvraient promptement par le milieu, et tombaient ensuite, le sabre à la main, sur l'ennemi par ses deux flancs : cette manœuvre fut le plus souvent couronnée de succès.

Le prince nomma cette cavalerie, qui contribua si essentiellement à ses victoires, *cuirassiers,* d'après la cuirasse qu'ils portaient comme arme défensive : ces cavaliers avaient un sabre propre à frapper d'estoc et de taille.

L'usage de la lance se perdit peu à peu; mais moins à cause de la défectuosité de cette arme, que par le manque des chevaux de bataille. On continua même de la nommer la reine des armes; mais on n'en faisait cas que pour le choc.

On adjoignait aux escadrons de cuirassiers cinquante chevau-légers, qu'on nomma *carabiniers*, à cause de la carabine longue de quatre pieds qui était leur principale arme.

On les exerçait à charger leurs armes au grand galop, à viser et atteindre le but de dessus leurs chevaux ; ils ne se servaient du pistolet que dans un cas pressant, et du sabre que dans la mêlée. Leur but était de faire du mal à l'ennemi avant de le joindre.

Ces carabiniers se plaçaient sur les flancs des escadrons, et préparaient le succès de l'attaque par un feu meurtrier, ou bien ils cherchaient à prévenir les suites fâcheuses d'une charge qui avait échoué.

Leur usage conduisit plus tard à la formation des dragons.

Pour exécuter des expéditions qui exigeaient la promptitude, les carabiniers prenaient souvent des fantassins en croupe.

L'expédition de Louis, comte de Nassau, contre la ville de Mons, où 500 cavaliers prirent en croupe un pareil nombre de fantassins, en fournit un exemple.

Le prince Alexandre de Parme, afin d'éviter de mettre deux hommes sur le même cheval, fit monter plusieurs compagnies d'infanterie sur des chevaux de bagages, lorsqu'il voulut, en 1582, surprendre le duc d'Alençon.

L'avantage de pouvoir porter rapidement de l'infanterie sur le point où l'on voulait agir à l'improviste, fit donc adopter, dans les armées, la méthode de donner des chevaux à plusieurs corps d'infanterie.

L'on donna à cette infanterie à cheval le nom de dragons, probablement parce qu'on les compara au monstre de ce nom, en les voyant galoper avec la rapidité de l'éclair, portant sur l'épaule droite leur mousquet avec la mêche allumée. [1]

Ils combattaient toujours à pied, et ne laissaient près des chevaux démontés qu'une garde proportionnée aux circonstances.

Dans une reconnaissance que fit Henri IV, roi de Navarre, à la tête de 400 chevau-légers et 500 dragons, on les voit pour la première fois paraître sous cette dénomination.

La cavalerie allemande du prince d'Orange

---

[1] L'auteur pourrait ici se tromper. Le nom de dragon paraît avoir été donné à cette arme, parce que les premiers dragons, ou plutôt les premiers fantassins qu'on a mis à cheval, portaient sur leurs casques l'effigie d'un dragon. (*Note du traducteur.*)

servit de modèle à tous les peuples. Ceux du
Nord furent les derniers à introduire ces changemens, et conservèrent encore long-temps
l'usage de combattre corps à corps. Les Suédois,
les Danois et les Norwégiens dressaient leurs
chevaux à prendre part au combat en mordant
et en ruant. L'on donnait des combats de chevaux,
comme en Espagne des combats de taureaux ;
le chevalier à qui appartenait le cheval victorieux, obtenait un prix.

La solde fut très-considérable pendant la
guerre des Pays-Bas, qui dura quarante ans :
chez les Espagnols, le maréchal ou capitaine
général avait par mois 500 couronnes ou écus
de six francs, et, comme propriétaire d'un escadron, il en avait 86 en sus.

		Couronn.	Cour.
Le lieutenant-général.........	200	286
Comme propriétaire d'un escadron	86	
Un capitaine..............	80	$86\frac{1}{2}$
Pour son valet.............	$6\frac{1}{2}$	
Un lieutenant.............	25	$31\frac{1}{2}$
Pour son valet.............	$6\frac{1}{2}$	
Un cornette..............	15	$21\frac{1}{2}$
Pour son valet.............	$6\frac{1}{2}$	
Un cavalier..............	6	12
Pour son engagement........	6	

Solde par mois :

Les rations étaient évaluées à un quart de

couronne, et se donnaient moitié en nature,
moitié en argent : les premières se composaient
de seize livres de foin, trois mesurettes d'avoine
et deux bottes de paille.

	Rations.
Le capitaine-général recevait..... 40	50
et comme propriétaire d'un escadr. 10	
Un lieutenant-général.......... 20	30
et comme propriétaire d'un escadr. 10	
Un capitaine avait................	10
Un lieutenant....................	10
Un cornette.....................	4

Rations par jour.

La quatrième période de la tactique comprend
la guerre de trente ans, dont le prétexte a été,
d'après Bulow, *la félicité céleste, mais dont
les véritables causes furent les biens terres-
tres :* elle commença en 1618 et finit en 1648.

Une trève de neuf ans venait de terminer la
guerre des Pays-Bas, qui pendant dix lustres
avait désolé les bords du Rhin : les habitans
commençaient à peine à se remettre, quand
éclata une nouvelle guerre, que l'on peut considérer comme la suite de la première.

Ainsi que Maurice d'Orange dans la première
de ces guerres, Gustave-Adolphe, ce belliqueux
Suédois, créa dans celle-ci une tactique nouvelle.

Les lances avaient entièrement disparu, quand

Gustave-Adolphe passa en Allemagne : sa cavalerie consistait en cuirassiers et dragons ; celle des Impériaux en cuirassiers, carabiniers, dragons et hussards.

Les hussards étaient magnifiquement habillés, et non-seulement les garnitures de l'harnachement de leurs chevaux, des pistolets et des sabres, mais encore les boutons de leurs pelisses et dolmans, étaient d'argent massif avec de superbes ornemens ; leurs colbacs étaient surmontés d'aigrettes de héron.

L'on commença à imiter cette cavalerie ; la division par régimens, d'origine allemande, devint générale.

On leva en France, à cette époque, des mousquetaires et des fusiliers à cheval, on les arma de fusils avec une nouvelle espèce de platine qui venait d'être inventée.

Comme cette invention était due aux Français, l'on nomma ces armes fusils à batterie française.

Il était de règle, jusqu'au milieu de la guerre de trente ans, de former la cavalerie sur quatre et jusqu'à huit rangs.

Gustave-Adolphe s'écarta de ce principe, et ne plaça sa cavalerie que sur trois rangs.

Dans les intervalles on mettait des pelotons d'infanterie et même des pièces légères.

Lorsque l'assaillant éprouvait des pertes et du désordre par le feu des mousquetaires et de l'artillerie, la cavalerie se portait sur lui le sabre à la main et le renversait ordinairement.

Cette disposition était bien calculée, par rapport à la lenteur et à la pesanteur de la cavalerie autrichienne : le roi, voyant cette cavalerie mieux montée que la sienne, et voulant donner de la supériorité à ses Suédois, leur ordonna de se précipiter sur l'ennemi le sabre à la main, aussitôt qu'ils se mettraient en mouvement.

Il défendit ces quarts de conversion, ces demi-temps d'arrêt, ces caracoles, dont, d'après Wallenhausen, la cavalerie d'alors était si fière, et qui avaient pour but d'échapper au premier feu de l'ennemi ; il pensait au contraire, et avec raison, que, plus une ligne de cavalerie se porte promptement sur l'ennemi, moins elle a à redouter son feu.

La cavalerie autrichienne profita de l'expérience si chèrement achetée : à Pfaffenhoffen, en 1633, les cuirassiers lorrains renversèrent au premier choc la cavalerie de l'électeur palatin.

Dans certaines circonstances l'on revint, pour charger, à l'ordre profond. Au combat de Jankowitz, en 1645, le général suédois Douglas

forma une colonne d'attaque en plaçant trois
escadrons les uns derrière les autres, pour renverser un régiment d'infanterie autrichienne qui
avait long-temps repoussé les attaques des Suédois. Cette manœuvre eut un plein succès.

On n'a point de données exactes sur la solde
que recevaient les troupes à cette époque; mais
on sait que la cavalerie avait un traitement
plus élevé que les autres armes.

———

La cinquième période de la tactique comprend les guerres des Français en Italie, en Allemagne et dans les Pays-Bas, ainsi que les
guerres du Nord et celles contre les Turcs,
pendant un espace de quatre-vingt-dix ans,
depuis 1648 à 1738.

Les guerres des Pays-Bas et de trente ans
avaient presque duré cent ans, et dévasté, dans
toutes les directions, l'inépuisable Allemagne,
quand la paix de Westphalie vint enfin mettre
un terme à ce fléau.

Les résultats de cette lutte furent,

Pour les princes, la sécularisation des biens
ecclésiastiques;

Pour la religion, la foi ébranlée;

Pour les prêtres, l'entrée dans la vie civile par
le mariage;

Pour les peuples, le développement des idées libérales.

Les armées permanentes furent la suite inévitable d'aussi longues guerres.

On connut en Allemagne, pendant cette cinquième période, deux ennemis mortels, les Turcs et les Français.

Les uns firent sans cesse des attaques contre la maison impériale ; les autres renouvelèrent leurs incursions en Allemagne, dont le but, hautement avoué, était d'avoir le Rhin pour frontière.

Dès cette époque les Français devancèrent les autres peuples dans la tactique.

Les guerres d'usurpation entreprises par Louis XIV développèrent promptement l'art de conduire la guerre. Il se forma des généraux qui brillent dans les fastes militaires.

Montécuculi, Malborough et Eugène de Savoie furent les rivaux de gloire de Turenne, Condé et Luxembourg.

Louis de Baden, heureux contre les Turcs, le fut moins contre les Français ; cependant il valait un Vendôme, un Catinat, etc.[1]

---

1 Voilà la première fois que nous voyons une pareille comparaison, que l'amour-propre national peut

Louis XIV, qui, pour un héros, donnait beaucoup trop de temps au beau sexe, commit, heureusement pour l'Allemagne, des fautes énormes.

Le choix de ses généraux se fit par l'influence de madame de Maintenon, et prouva souvent que le talent de reconnaître le talent militaire et de lui assigner sa véritable place, manquait à ce roi.

Feuquières fait un portrait intéressant de ces choix malheureux de Louis XIV.

Rochefort et d'Humières furent portés au commandement, parce que le ministre de la guerre, Louvois, leur voulait du bien.

On fut obligé de rappeler Sourdis, Villeroi et autres ; La Trousse n'échappa à cette disgrace que par la mort. La Feuillade coûta au roi d'Espagne ses provinces d'Italie ; au roi de France, des sommes énormes, toute sa grosse

---

seul faire excuser. Sans vouloir rien ôter à la gloire militaire du prince Louis de Baden, l'on peut cependant se refuser à le placer à côté de Catinat et de Vendôme. Le premier de ces deux grands généraux a gagné les batailles de Staffarde et de Marsaille ; le second, celle de Luzéra sur le prince Eugène, et celle de Villa-Viciosa, qui affermit la couronne d'Espagne sur la tête de Philippe V. (*Note du traduct.*)

artillerie et plus de 25,000 hommes. Bouflers[1]
perdit Cologne, Liége, la Meuse, Geldern et
Limbourg; Tallard perdit la Bavière à la bataille de Hochstædt, et fut, heureusement pour
la France, fait prisonnier; Tessé, envoyé au
secours de l'Espagne, mit ce royaume à deux
doigts de sa perte.

La cavalerie éprouva peu de changemens pendant cet espace de temps. Louis XIV créa des
grenadiers à cheval : ses magnifiques gardes-du-
corps ne se firent remarquer que par les sommes
énormes qu'ils coûtaient.

Un capitaine de ces gardes avait 24,000 livres
d'appointemens par an : cette troupe consistait
dans une réunion d'hommes de toutes les armes;
elle brillait surtout aux parades.

Le reste de la cavalerie prenait dans les escadrons les meilleurs tireurs, pour en former des
chasseurs destinés à faire éprouver des pertes à
l'ennemi, à une certaine distance, par leur feu
partiel.

La force des régimens différait dans chaque armée. Les Autrichiens avaient déjà alors les régi-

---

1 Bouflers n'est point ici à sa place; il ne peut être
confondu avec les La Feuillade, les Tallard, etc. Sa
belle défense de Lille suffit pour le faire sortir de la
classe des généraux ordinaires. (*Note du traducteur.*)

mens les plus forts, qui comptaient 1200 à 1800 chevaux ; chez les autres peuples leur force variait de 400 à 900 chevaux.

Les régimens suédois, sous Charles XII, avaient constamment 1000 chevaux.

Le flambeau de la guerre brûla à différentes époques, pendant cette période, dans le nord de l'Europe.

Les Suédois, les Polonais, les Brandebourgeois et les Moscowites combattirent alternativement dans les plaines de la Pologne et les déserts de l'Ukraine.

Charles XII, ce roi chevaleresque, jeta au loin toute espèce d'arme défensive ; sa cavalerie, qui produisit de si grands effets, ne consistait presque qu'en dragons.

Son caractère guerrier et infatigable le portant toujours en avant, il ne se contenta pas de porter en avant sa cavalerie sans autre soutien que sa confiance *dans sa propre force*, sans tirer, et de lui faire ainsi charger en pleine carrière la cavalerie ennemie ; il la conduisit même contre l'infanterie, les batteries, les retranchemens, et toujours avec succès.

Il savait que la célérité des mouvemens augmente la vivacité naturelle de la plupart des hommes, et la pousse souvent jusqu'à une rage aveugle, à un enthousiasme effréné, qui ne laisse aucun temps à la réflexion ni à la considération du danger ; que, dans de tels momens, la mort perd ce qu'elle a de terrible, et que la victoire, parée de tout son éclat, apparaît seule à l'ame exaltée des combattans.

Les Turcs, qui ont joué un grand rôle par leurs invasions en Hongrie, avaient une cavalerie nombreuse, qui attaquait toujours par essaims de 5 à 6000 chevaux.

L'habileté dans le maniement de leurs sabres courbes leur donna une supériorité marquée et souvent la victoire ; cependant l'on apprit à leur résister, et aujourd'hui ils jouissent de peu de considération.

La sixième période comprend les trois guerres de la Silésie, depuis le commencement de la première de ces guerres jusqu'à la première campagne de la guerre de la révolution française, ou depuis 1740 jusqu'en 1790. Les autres guerres de cette période ne sont d'aucune importance pour l'histoire de la cavalerie.

La Prusse paraissait, depuis un siècle, uniquement occupée à se préparer au rôle brillant qu'elle joua sous Fréderic II.

Elle doit l'origine de sa puissance militaire

à Fréderic-Guillaume, surnommé le Grand-électeur. Sous le prétexte de le former à la science du commandement, mais bien plutôt pour se débarrasser d'un observateur dangereux, le comte de Schwartzenberg l'éloigna de la cour.

Fréderic-Guillaume grandit pour ainsi dire dans les camps, et, encore dans l'adolescence, il assista aux siéges de Bréda et du fort de Schenké.

Parvenu au gouvernement, il chercha à faire naître un nouvel esprit dans ses troupes, et en 1672 il put accorder aux Hollandais un corps auxiliaire de 20,000 hommes : il laissa à sa mort une armée bien organisée d'environ 30,000 combattans.

Lorsque Fréderic, qu'on pourrait surnommer l'Unique, monta sur le trône, il trouva l'armée forte d'environ 80,000 hommes.

C'est avec cette armée, que Léopold de Dessau avait formée à une ponctualité dans les manœuvres inconnue jusqu'alors, et à une rare habileté à tirer et recharger les armes, que Fréderic le Grand parut sur le théâtre des événemens, en 1740.

Les deux premières guerres de Silésie passèrent rapidement : aussi Fréderic avait-il des alliés puissans.

Mais, dans la troisième de ces guerres, qui

éclata en 1756, abandonné de presque tous ses alliés, le roi resta seul inébranlable, comme le chêne qui brave les tempêtes.

D'un côté, son coup d'œil parfait, l'unité et la force de sa volonté; l'habitude contractée par ses troupes de tenir ferme dans toutes les situations, d'exécuter, même dans le tumulte des batailles, toutes les évolutions avec une admirable précision; leur confiance sans bornes dans leur général; l'enthousiasme que leur inspirait un tel roi marchant à leur tête, et dont le brillant génie embrassait jusqu'au moindre détail; et de l'autre côté, l'irrésolution et le défaut d'ensemble que l'ennemi apportait dans ses plans d'opérations et sa tiédeur dans l'exécution, furent les causes qui firent sortir Fréderic II de cette longue et sanglante lutte de sept ans, couronné de gloire, et sans avoir perdu un pouce de terrain.

Ces événemens fameux forment une période extraordinaire et à jamais mémorable dans l'art de la guerre: Fréderic s'éleva au-dessus de tous les préjugés, fut le créateur d'une tactique nouvelle, et fit de son armée le modèle de toutes les autres.

Il porta ses premiers soins sur le choix de la meilleure position à donner à ses troupes. L'infan-

terie fut formée sur trois et la cavalerie sur deux
rangs ; les intervalles entre les escadrons étaient
de neuf à dix-huit pas ; dans les formations sur
une plaine unie, les intervalles étaient souvent
entièrement proscrits : c'est alors qu'avaient lieu
les *charges en muraille*.

Au commencement de la guerre de sept ans
les régimens de grosse cavalerie se composaient
de 881 chevaux combattans, ceux de hussards
en avaient 1653 : les premiers étaient divisés en
cinq, les derniers en dix escadrons.

A l'égard de la forme et de l'armement de la
cavalerie, chaque puissance suivait des principes
différens.

Les hussards seuls conservèrent la formation
de leur modèle, les Hongrois.

Cependant le reste de la cavalerie reçut
généralement le mousqueton et les pistolets.
Le sabre droit devint son arme ordinaire. Celui
des cuirassiers et dragons prussiens pesait deux
livres et trois quarts, non-compris le fourreau ;
la longueur de la lame était de trente-huit pouces
et un quart. Le sabre de la cavalerie autrichienne
pesait deux livres trois huitièmes, et la lame,
droite, avait trente-six pouces de longueur.

L'armure des cuirassiers, réduite insensiblement, finit par n'être plus qu'un simple plastron.

Les Hanovriens créèrent, pendant la guerre de sept ans, des chasseurs à cheval armés de carabines rayées, à lumières coniques, de l'invention de Geoffroi Hantsch, de Nuremberg. Ce corps rendit des services importans à l'armée du duc de Brunswic.

Le maréchal de Saxe avait, dans les cinquante premières années du 18.ᵉ siècle, introduit, chez les Français, la lance si long-temps oubliée, et il nomma la cavalerie qu'il en avait armée, *uhlans*.

Le roi de Prusse, pour opposer aux Cosaques une cavalerie semblable à eux, créa, en 1745, des lanciers, qu'il nomma *Bosniaques*.

Cependant, depuis long-temps, les uhlans formaient la seule cavalerie des Polonais. Le milieu du 18.ᵉ siècle paraît être l'époque où la *lance,* depuis si long-temps déconsidérée (uniquement parce que l'on s'imaginait qu'elle ne pouvait servir qu'à un homme défendu par une armure complète, sujet sur lequel on porte tant de jugemens différens), a été réintégrée dans son honneur : depuis cette époque elle acquiert de jour en jour plus d'usage, et cela avec raison, en supposant toutefois qu'elle ne s'emploie que pour la charge en ligne ou en masse.

On attacha une grande importance au perfectionnement de la cavalerie pendant cette sixième période.

Depuis l'extinction de la chevalerie, l'équitation avait été entièrement négligée. Le comte Melfort en France, et Seidlitz en Prusse, rappelèrent l'attention sur cette partie.

Après la paix de Dresde et de Hubertsbourg, l'on commença à établir un manége et à former des écuyers dans chaque régiment. On finit par se convaincre que l'équitation seule pouvait conduire à la perfection de la manœuvre.

Seidlitz, qui, à l'issue de la seconde guerre de Silésie, en 1747, était encore major au régiment de hussards de Natzmer, s'occupa principalement des officiers ; il s'éleva au-dessus des préjugés qui leur représentaient une éducation soignée comme une chose indigne d'eux : ceux-ci purent, de leur côté, bientôt se convaincre qu'ils ne pouvaient qu'y gagner en estime et en considération. Seidlitz, remarqué de son grand roi, avança de grade en grade, en dépit du préjugé de l'ancienneté et de l'envie offensée, qui toujours s'attachent au talent pour retarder son essor.

Seidlitz se vit bientôt placé dans une sphère d'activité où il put donner un libre cours à ses grands talens, et où la cavalerie prussienne acquit un degré de gloire inconnu jusqu'alors dans l'histoire, par sa coopération glorieuse à cette longue et pénible lutte de sept ans, qui affermit la couronne sur la tête du roi, dont elle augmenta encore la haute réputation guerrière.

Seidlitz apprit à la cavalerie prussienne non-seulement à se servir de ses armes, mais encore à exécuter les manœuvres de l'infanterie ; jamais égalé depuis, il reste toujours le modèle le plus accompli que tout officier de cavalerie doit s'efforcer d'atteindre.

Aux manœuvres d'automne que Fréderic faisait exécuter chaque année, après la paix de Dresde, l'on exécutait et l'on discutait sur ce qui avait été nouvellement appris ; les officiers supérieurs et subalternes y trouvaient l'occasion de se former, et le roi celle d'apprendre à les connaître.

Geux qui s'y faisaient remarquer recevaient les encouragemens d'un roi universellement admiré ; les négligens étaient sévèrement repris.

Après chaque manœuvre d'automne le roi s'entretenait avec Seidlitz, Saldern et Gaudi, des moyens de remédier aux inconvéniens qu'on avait remarqués ; les généraux étaient obligés de développer les idées nouvelles du roi.

Le roi abandonna la vieille routine de placer,

dans l'ordre de bataille, la cavalerie sur les ailes.

Soit qu'il ait tout-à-fait ignoré la force de la cavalerie dans les deux premières guerres de Silésie, ou qu'il n'ait pas encore su en tirer de grands résultats, ce qu'on peut aussi attribuer au peu de mobilité qu'elle possédait à cette époque, le roi agit d'après des principes tout différens dans la troisième guerre de Silésie, celle de sept ans, où Seidlitz se trouvait à la tête de cette cavalerie.

Déjà à Lowositz, en 1756, Fréderic plaça sa cavalerie sur deux lignes, derrière son infanterie, et partit de là pour adopter le principe de réunir, le jour d'une bataille, sa cavalerie en une grande masse, sur un point du champ de bataille.

Dans les autres armées, quelques régimens ou des partis isolés de cavalerie se distinguèrent par des faits d'armes dignes de figurer dans les annales militaires; mais on n'exécuta rien de grand : il n'y avait qu'un Seidlitz!

L'action du général autrichien de Rœmer, à la bataille de Mollwitz, forme exception, et sert à prouver, avec plus d'évidence encore, la justesse de l'opinion, si souvent répétée dans cet ouvrage, que c'est dans les talens du chef que

consiste le secret de faire produire de grands résultats à la cavalerie : le brave, l'habile Rœmer
succomba trop tôt pour la gloire de la cavalerie
autrichienne, qui se distingua toujours par un
matériel excellent.

Lord Sackville, à la bataille de Minden en
Westphalie, gagnée par le duc de Brunswic,
laissa échapper un beau moment; il dépendait de
lui, au moyen de la cavalerie anglo-hanovrienne
qu'il commandait, de précipiter les Français
dans le Weser.

Son orgueil, et la jalousie qu'il portait au duc,
l'empêchèrent de détruire l'ennemi et de s'acquérir une grande renommée : il renonça à sa
propre gloire, pour ne pas augmenter celle
du duc.

L'usage de la cavalerie, de faire feu en chargeant, se perdit pendant la guerre de sept ans.

L'exemple des Prussiens entraîna les autres
peuples ; on chercha à se surpasser dans la
promptitude des mouvemens.

Les Français avaient deux manières de charger,
en *masse*, en *muraille* et au trot, ou bien au
plein galop et en *fourrageurs*.

Il est à remarquer qu'à mesure que la cavalerie européenne se bornait à l'usage du sabre,
celle des Turcs adoptait les armes à feu. L'on

serait tenté de croire que chacun se méfiait de sa propre manière de combattre : l'on ne peut en effet donner à son ennemi une plus grande preuve d'estime que d'adopter sa tactique.

La cavalerie turque, pendant les guerres contre les Russes et plus tard contre les Autrichiens, formait des lignes serrées de tirailleurs devant ses pulks.

Les tirailleurs étaient presque tous armés de carabines rayées, et, à l'aide de leurs excellens chevaux, ils déployaient une rare habileté.

Les pulks attendaient, comme au guet, derrière les lignes des tirailleurs, que le feu de ceux-ci eût causé quelque désordre dans les rangs ennemis, sur lesquels ils se précipitaient alors avec une incroyable célérité.[1]

Cette excellente manière de combattre, digne d'être appréciée, maintint presque toujours l'avantage du côté des Turcs.

La septième et dernière période de l'art de la guerre, de 1790 jusqu'à nos jours, comprend cette guerre qui a duré un quart de siècle, qui a déchiré l'Europe d'orient en occident et du

[1] Campagne du comte de Vétérani en Hongrie. (*Note de l'auteur.*)

nord au midi, et fini par changer les rapports de tous les États entre eux, sans les affermir.

Le pays d'où la flamme de la guerre et de la révolution s'était élevée, fut le seul où l'on s'efforça, immédiatement après la catastrophe, de replacer les choses dans le même état où elles étaient avant l'événement; on chercha pendant un certain temps à se persuader, ainsi qu'aux autres, que ces bouleversemens prodigieux n'avaient été que des songes.

Il est vrai que les suites d'une guerre de grande influence ne peuvent se développer qu'à la longue. Cependant les idées libérales prennent de jour en jour de plus fortes racines.

Les ennemis éternels de l'Allemagne, pendant la cinquième période, ont cessé d'être à craindre.

La prière contre les Turcs a été oubliée insensiblement.

Aussi long-temps que les augustes Bourbons règneront sur la France, on verra flotter le drapeau blanc, emblème de la paix : au moins est-ce leur volonté bien prononcée.

La plus grande force a son terme et succombe à de certaines lois, de sorte qu'au maximum des efforts succède celui de l'épuisement. [1]

---

1 *Principes de stratégie.* Cette vérité est prouvée ;

Le Midi de l'Europe, par suite d'un trop long usage de ses forces physiques, est épuisé ; le Nord, stratégiquement organisé, se présente dans sa plus grande force.

Il est résulté de ces guerres une observation importante, et qui a conduit à un principe mathématiquement prouvé : c'est qu'une guerre contre la France doit se conduire offensivement.

Le Français, rempli de courage, fougueux, terrible lorsqu'il attaque, ne possède pas le sang froid, le calme, la présence d'esprit et la constance indispensables pour soutenir une guerre défensive. [1]

Une offensive prudente et continue sera donc

---

sans cela, la France eût-elle jamais succombé ? (*Note de l'auteur.*)

[1] Si ce genre de gloire avait jamais pu manquer aux Français, la campagne de 1814 le leur aurait incontestablement assuré : pendant trois mois les débris de l'armée française ont lutté, et souvent victorieusement, contre toute l'Europe. Les alliés eux-mêmes ont été forcés de convenir que ce petit nombre de soldats n'a fait que céder à l'énorme disproportion du nombre, plutôt qu'il n'a été vaincu. Il n'est pas raisonnable de supposer que, toutes les fois qu'on agira offensivement contre la France, on pourra réunir, sous les mêmes drapeaux, un million d'hommes. (*Note du traducteur.*)

le principe prédominant dans tout plan d'opération contre les Français.

A l'issue de cette longue lutte qui, pendant
sa durée, fut conduite sous tant de formes et
de noms divers ; dans laquelle tous les peuples
de l'Europe furent entraînés ; qui se continue
au-delà des mers (l'Amérique méridionale) dans
sa forme primitive, comme guerre de l'indépendance, ainsi qu'elle a commencé sur le
même hémisphère (l'Amérique septentrionale),
les opinions sont partagées plus que jamais sur
la question de savoir si l'on doit préférer pour
l'attaque l'ordre étendu ou l'ordre profond.

Si Folard avait vécu, il aurait eu la satisfac-
tion de voir que, dans les premières années de
la révolution, les Français, suivant l'instinct naturel aux hommes à la vue du danger, se pe-
lotonnaient d'eux-mêmes, et faisaient toutes leurs
attaques en ordre profond.

Ces masses furent nommées *colonnes* ; mais
ce n'était souvent que des masses d'hommes
pressés sans ordre les uns sur les autres.

Pendant la retraite de Moscou, l'armée française marchait en masses ainsi formées.

Après la bataille de Dennewitz, lorsque le
maréchal Ney fut rejeté sur Torgau, les troupes
se formèrent d'elles-mêmes en masses.

Le général Morand, s'efforçant de sortir de ces masses, pour ne pas y être étouffé, resta suspendu, par ses vêtemens, à une palissade.

Rognat, et ensuite Decker, ont tout récemment émis, dans d'excellens ouvrages, leurs vues sur les colonnes.

Les secondes lignes, selon les circonstances, mais toujours les réserves, sont le plus avantageusement disposées en colonnes. Les colonnes se meuvent avec facilité, et on peut en disposer sans aucun retard.

A la bataille de Focksan, où les Turcs essuyèrent une défaite complète, l'armée autrichienne était formée en bataillons carrés.

En Égypte, Bonaparte plaçait son infanterie sur six hommes de hauteur, pour résister aux Mamelucs.

A la bataille de Lutzen, Napoléon fit former des carrés longs, afin de s'opposer à la nombreuse cavalerie de ses ennemis.

Les généraux d'un talent transcendant ne s'attachent pas aveuglément à des règles fixes, ou ne s'abaissent pas à suivre servilement un système; ils mettent à contribution tout le domaine de la tactique.

Depuis que Louis XIV a commencé à augmenter le nombre des officiers, on a suivi son exemple partout.

La diminution de la solde devint la suite naturelle de cette augmentation. Les officiers supérieurs, les véritables chefs, continuèrent, à la verité, à jouir de leur paie élevée ; mais les officiers subalternes reçurent à peine de quoi vivre péniblement : plus tard la solde des grades supérieurs subit aussi une diminution.

Avant le siècle de Louis XIV, époque où chaque officier était considéré comme le chef de sa troupe, il n'y avait que des généraux d'armée, des maréchaux de camp, des colonels, des capitaines, leurs suppléans ou lieutenans ; ils étaient aidés, dans leurs fonctions, par des maréchaux-des-logis et des brigadiers chefs d'escouade.

Louis XIV fut conquérant, et chercha, par l'attrait de l'avancement, à donner un nouvel essor à l'ambition.

Le conquérant a besoin de l'ambition, il la fait naître. Au contraire, celui qui veut rester sur la défensive, ne peut se passer de l'amour de la patrie, qu'il doit chercher à fomenter.

Napoléon remplaçait tout officier prisonnier de guerre ou malade ; celui qui n'était point présent aux drapeaux, n'y comptait plus et per-

dait ses droits à l'avancement : c'est ainsi que
le nombre des officiers s'est accru à l'infini.

Il pouvait en agir ainsi, parce qu'il ne pensait
pas, comme Montécuculi, qu'il faut de l'argent
pour faire la guerre; qu'il était, au contraire, de
l'avis de Caton, que la guerre nourrit la guerre;
et encore parce que les conscrits ne pouvaient
être conduits à l'ennemi que par beaucoup d'officiers et de sous-officiers aguerris, qui leur ser-
voient d'escorte plutôt que de conducteurs.

De jeunes soldats et de vieux officiers expé-
rimentés, ambitieux, obéissant aveuglément à
leur général, faits à toutes les vicissitudes de la
guerre, forment les meilleurs régimens d'un
conquérant.

La cavalerie resta pendant cette septième période presque sur le même pied que dans les
précédentes.

Les chasseurs à cheval français ne sont que
de la cavalerie légère, et ne diffèrent des hussards que par l'habillement. [1]

---

[1] Les chasseurs à cheval ont prouvé, par une suite
non interrompue d'actions glorieuses, pendant vingt-
trois ans de guerre, qu'ils pouvaient, sous tous les
rapports, prétendre au titre de cavalerie légère nationale en France ; s'ils ne diffèrent des hussards que
par le costume, c'est que la cavalerie légère est équi-

Il en est de même chez les autres peuples, quelque nom qu'ils aient donné à leur cavalerie légère.

Il n'y a que les hussards hongrois, les uhlans polonais et les Cosaques de la Russie qui puissent être considérés comme des troupes nationales.

Les Cosaques ont acquis quelque réputation, et les essais qu'on a tentés pour les faire charger en ligne, ne sont pas restés sans succès. Le régiment de Cosaques de la garde russe fit, à la bataille de Leipsic, une belle charge en ligne.

Les dragons ont perdu leur destination primitive de combattre à pied comme à cheval; on a cependant des exemples que, chez les Anglais et les Français, les dragons furent envoyés à pied pour se remonter à leur arrivée sur le théâtre de la guerre.

Les Français rendirent à leur grosse cavalerie la cuirasse complète en fer poli. Cette cava-

---

pée, armée et montée à peu près de même dans toutes les armées européennes.

On se rappelle avec orgueil d'avoir combattu dans les rangs de ces braves régimens, sous les Richepanse, les Monthrun, les Prudent, les Corbineau, les Bonnemains, les d'Hautpoult, les Laffon, les Colbert, les Sicard, les Castex, les Lasalle, les Latour-Maubourg, les Bordesoulle, les Saint-Germain. (*Note du traducteur.*)

lerie, qui ne chargeait qu'au trot, a fait époque.
Napoléon l'employait fréquemment à emporter
des batteries, des retranchemens et jusqu'aux re-
doutes les plus fortes; la gloire de cette cavalerie,
dans l'armée française, était si grande que *brave
comme nos cuirassiers* avait passé en proverbe.

Les dragons français, pendant quelque temps
dégénérés, reprirent, en Espagne, une attitude
morale, et s'acquirent de la considération en
1813 et 1814.

La cavalerie autrichienne ajouta de nouveaux
lauriers à ceux qu'elle avait acquis par tant de
combats sanglans, toutes les fois qu'elle fut conduite avec talent.

A la bataille de Wurtzbourg, le 3 Septembre
1796, Wartensleben, après avoir franchi le
Mein à la tête de vingt-quatre escadrons de cuirassiers, attaqua la cavalerie française, commandée par Bonneau, qu'il culbuta, et décida
ainsi de la victoire.

A la bataille de Leipsic, les cuirassiers autrichiens, sous Nostitz, se couvrirent de gloire.

Le 16 Octobre, à une heure après-midi,
Nostitz ayant passé la Pleiss, près de Grœbschen,
attaqua les lanciers et les dragons de la garde
française, les culbuta et rompit plusieurs carrés
d'infanterie de cette garde.

La cavalerie anglaise surpasse, sous le rapport du matériel, tout ce qui est connu jusqu'à ce jour; elle réunit l'utile au brillant.

Le colonel Ponsonby, qui annonce du talent, se forme à devenir général de cavalerie; il commanda un régiment de lanciers à l'armée en France, et accompagna le duc de Wellington dans ses revues.

Le duc de Wellington cherche à donner à la cavalerie anglaise ce qui lui manque encore, l'aptitude à manœuvrer avec un plus grand développement.

De pareilles dispositions, dont l'avenir développera les suites, annoncent le grand général.

C'est ainsi que Fréderic le Grand forma son général de cavalerie, pour la guerre de sept ans, pendant la deuxième et la troisième guerre de Silésie.

La cavalerie russe pourra, avec droit, se dire la première du monde, quand elle unira la force intellectuelle à ses forces physiques.

La cavalerie polonaise peut servir de modèle.

La Prusse sent l'importance d'une bonne cavalerie, et emploie aujourd'hui de grandes sommes et beaucoup de soin à son matériel.

La cavalerie bavaroise, par les remontes polonaises qu'elle reçoit depuis plusieurs années, se trouve sur un pied excellent.

Le roi de Wurtemberg, appréciant les besoins de son siècle, a donné à sa cavalerie une nouvelle forme et un nouveau réglement; de bonnes remontes lui manquent encore.[1]

La cavalerie badoise se compose de quatorze escadrons, dont l'organisation, l'instruction individuelle et les détails sont excellens.

La cavalerie du royaume de Saxe est désorganisée par suite des orages politiques qu'a essuyés ce pays.

La réputation méritée de la cavalerie hanovrienne s'est maintenue avec éclat par les faits d'armes de la légion germanique.

La cavalerie des Pays-Bas n'a pas encore eu l'occasion de se faire connaître.

Les Suédois et les Danois se trouvèrent rarement, dans ces derniers temps, sur un théâtre propre au développement de la cavalerie.

---

[1] Cette cavalerie est armée de lances ayant onze pieds de longueur, à l'exception des tirailleurs, qui ont pour arme principale une longue carabine.

Les cavaliers destinés à combattre en ligne, armés de lances, sont pourvus d'un appui adapté et assujetti à la fonte du côté hors-montoir.

Les cavaliers et les tirailleurs sont en outre armés d'un sabre propre à frapper d'estoc et de taille, et n'ont chacun qu'un seul pistolet : le tout d'après les 5.ᵉ et 6.ᵉ chapitres. (*Note de l'auteur.*)

Les peuples d'Italie n'ont aucune prétention à une bonne cavalerie.

La cavalerie espagnole et celle des Portugais partagent le sort des nations à qui elles appartiennent, *l'affaissement moral.*

L'empire des Turcs dégénère depuis qu'on y a abandonné le rôle de conquérant.

Les Mamelucs, cavalerie nationale, donnèrent beaucoup de peine aux Français ; il s'agit de savoir s'ils combattront encore long-temps pour les intérêts de la Porte ottomane.

Sous le rapport des grandes évolutions de la cavalerie, l'on a pu remarquer, depuis la sixième période, plutôt des pas rétrogrades que des progrès ; il s'est déployé peu de génie et de force intellectuelle.

Napoléon réunit sa cavalerie en corps indépendans, dans lesquels parurent plusieurs généraux qui firent voir de grands talens, et des commandans qui exécutèrent de beaux faits d'armes isolés ; mais *ce talent transcendant qui éclipse tous les autres, et que doit posséder un général de cavalerie,* a toujours manqué. L'on ne voulut jamais concevoir, dans les armées françaises, que ce n'est que par les manœuvres que la cavalerie peut produire de grands résultats. Aussi ni la force physique de la cavalerie fran-

çaise, ni la réunion de ses masses, non plus que
la haute élévation de sa force morale, ne lui
furent d'aucun secours[1]. A défaut de talent

---

1 .Ce manque de chefs habiles à manœuvrer de grands
corps de cavalerie se reproduira toujours, tant que
l'on ne voudra pas sérieusement y remédier, qu'on
n'augmentera pas les régimens, qu'ils comprendront
un aussi petit nombre d'escadrons, et qu'on ne formera pas tous les ans des camps de manœuvres où la
cavalerie, réunie en grandes masses, s'exercera à
toutes les évolutions qui doivent lui donner la victoire
à la guerre; tant qu'on n'aura pas soin de renoncer à
toutes ces manœuvres inutiles et compliquées que pres-
crivent presque toutes les ordonnances. C'est par là seulement que ceux d'entre les généraux dont les dispositions ont été jusqu'alors comprimées, pourront leur donner un libre essor, qu'ils deviendront tacticiens, et que
les troupes apprendront l'art de la manœuvre. L'exemple que nous offre Frédéric le Grand est une preuve
convaincante de ce que j'avance ici.

J'ajouterai qu'en France nous craignons trop de fa-
tiguer les chevaux, qui ne sont pas assez nourris, et
qu'on tient le cavalier beaucoup trop long-temps au
détail.

Il serait bien urgent que notre ordonnance de manœuvres fût entièrement refaite ; que beaucoup de
détails minutieux et inutiles, antérieurs à l'école d'escadron, fussent rejetés; que les évolutions fussent sim-
plifiées et plus appropriées au mécanisme de l'arme.
(*Note du traducteur.*)

pour la faire manœuvrer, on la plaçait dans les batailles de manière à ce qu'elle servît de pâture au canon; et lorsqu'elle avait fourni des preuves du plus grand calme et de la plus rare intrépidité, on en tirait quelques régimens isolés de cuirassiers, qu'on faisait charger au petit trot contre des batteries, comme s'il était glorieux de n'obtenir une victoire qu'après avoir éprouvé les plus grandes pertes.

Ces fautes se sont répétées dans toutes les batailles, et si à Waterloo tous les efforts de la cavalerie française ont été infructueux, la faute en est aux mauvaises positions qu'on lui a fait prendre sous le feu de l'ennemi.

Toutes les armées européennes ont souffert, dans ces dernières guerres, par l'ignorance de savoir faire mouvoir de grandes masses de cavalerie. De là vient qu'on a vu si peu de faits d'armes décisifs; c'est pourquoi encore il est dit, avec justesse et raison, dans le chapitre II, «qu'il se « passe des siècles avant qu'il se produise des « généraux qui, à l'égal de Seidlitz, possèdent « l'art de faire mouvoir de grandes masses de « cavalerie. »

Ceci est une vérité; et une vérité, une fois constatée, restera telle en dépit de tout ce qu'on lui objectera.

17

Le père qui a survécu à son âge, approuve rarement la manière d'agir de son fils, et y trouve constamment matière à blâme. Le fils ne se décourage pas pour cela : il continue à se conduire selon les principes qu'il a cru devoir adopter ; mais il ne perd jamais de vue l'amour et le respect qu'il doit à l'auteur de ses jours.

Les jeunes officiers trouveront dans le Réglement d'exercice indiqué au III.ᵉ chapitre, les nouvelles évolutions clairement détaillées et rendues plus faciles à saisir par le moyen du dessin.

Puissent-ils ne pas passer trop légèrement sur ce Cours de tactique, ni sur le Réglement d'exercice !

ÉLÉMENS DE MANŒUVRES

POUR

UN RÉGIMENT DE CAVALERIE.

SUPPLÉMENT A LA

TACTIQUE DE LA CAVALERIE.

PAR UN COLONEL DE CAVALERIE.

TRADUITS DE L'ALLEMAND

PAR LE TRADUCTEUR DE LA TACTIQUE DE LA CAVALERIE.

Avec 20 planches de l'auteur et 4 du traducteur.

« Le véritable génie ne considère la science des
« manœuvres que comme des principes susceptibles
« d'un plus grand développement. »

ÉLÉMENS

DE MANŒUVRES

UN RÉGIMENT DE CAVALERIE.

~~~~~~~~~~~~~~~

Le mécanisme de la cavalerie, ou l'art de la mouvoir sous le rapport des manœuvres, consiste :

a) Dans l'art de transformer les colonnes en lignes, soit par des formations ou par des déploiemens ;

b) Dans l'art de mouvoir les lignes en tous sens ;

c) Dans l'art de ployer les lignes en colonnes par des déboîtemens ou des formations de colonnes serrées. (Voyez TACTIQUE DE LA CAVALERIE, ch. 8, p. 135 et suiv.)

Ton de commandement.

Chaque mouvement a quatre commandemens.

1.° Celui d'avertissement, que prononce le colonel, et que répètent les commandans d'escadron ; par exemple : *Régiment ! Escadron !* [1]

2.° La dénomination et indication du mou-

---

[1] En France, chaque mouvement est précédé du commandement *Garde à vous !* que doit toujours prononcer le commandant d'une troupe, afin de fixer l'attention. Le commandement d'avertissement préparatoire est répété par les officiers supérieurs : chaque commandant d'escadron fait à son escadron le commandement qu'exige le mécanisme de la manœuvre à exécuter. Le commandement d'exécution Marche ! est répété par les officiers supérieurs et les commandans d'escadron ; il l'est de plus par les chefs de peloton, lorsqu'on est en colonne.

Cependant je ne puis être ici de l'avis de l'auteur, en ce qu'il suit, pour le commandement des chefs de peloton, les erremens de notre ordonnance. Un simple déboîtement de peloton de quelques escadrons entraîne chez nous des cris sans fin et une lenteur insupportable, chaque chef de peloton commandant à sa troupe : Halte ! à gauche alignement, et Fixe ! Si les chefs de peloton étaient répartis dans le premier rang, le guide de chaque peloton n'aurait qu'à prendre sa distance sur le peloton qui le précède, et le commandant de l'escadron pourrait bien plus facilement maintenir ses guides dans la direction. (*Note du traducteur.*)

vement, que prononce le colonel seul, par exemple : *Rompre par pelotons à droite !*

3.° Le préparatoire du mouvement, que prononcent les commandans d'escadron seulement, par exemple : *par pelotons à droite !*

4.° Celui d'exécution du mouvement, qui est prononcé par le colonel et répété par les commandans d'escadron ; par exemple : *Marche !* *Halte !*

Les chefs de peloton ne prononceront de commandement que lorsque leur escadron sera rompu par pelotons, de même que dans les mouvemens successifs et dans toutes les formations.

Lorsque l'étendue d'une ligne ou le tumulte empêcheront d'entendre et de distinguer les commandemens, chaque commandant de régiment, d'escadron ou de peloton, devra se régler sur la troupe du côté de laquelle vient le commandement.

Dans les lignes étendues, il est souvent ordonné de se régler sur les régimens ou escadrons de la tête.

Lorsque le commandant d'une ligne n'a point indiqué l'allure, chaque mouvement partant d'une position de pied ferme s'exécutera au pas ; si la ligne marche, le mouvement s'exécute dans l'allure qu'on suivait précédemment, à l'exception cependant des formations d'escadrons, ou au cas qu'on rompe, ce qui exigera toujours une allure plus alongée.

Lignes et points.

Les lignes formées par des troupes se divisent en lignes de front et en lignes de marche.

Ces lignes ont, comme toutes les autres, deux points, dont l'un forme l'extrémité de droite, l'autre celle de gauche d'une ligne de bataille, ou bien, l'un la tête et l'autre la queue d'une ligne en marche.

Le point sur lequel une colonne commence à se former en ligne, se nomme *point d'appui*; celui où doit aboutir l'extrémité de la ligne, se nomme *point de vue*.

L'intervalle qui sépare ces deux points, forme la ligne de direction; les extrémités deviennent les points de direction de la ligne de bataille ou de front.

Une marche en ligne a également sa ligne et ses points de direction.

Dans les lignes étendues l'on choisit pour points de direction fixes des objets saillans et distincts, tels qu'un clocher, une maison isolée, un arbre, etc.

Lorsqu'on veut déterminer une ligne de bataille, des adjudans se portent au galop dans la direction pour la jalonner et déterminer le point d'appui où doivent venir se former les régimens.

L'on trouve une ligne de direction ainsi qu'il suit :

A. Lorsqu'un seul point est indiqué (planche 1.re, figure 1.re).

Le point *a*, ou un cavalier *a*, étant choisi pour point de direction, un adjudant *b* se porte au galop sur cette direction, en plaçant vis-à-vis et en face un sous-officier *c*. Ce dernier n'est-il pas placé de manière à masquer à l'adjudant *b* le point *a*, celui-ci le fait appuyer à droite ou à gauche, jusqu'à ce qu'il soit parfaitement dans la direction.

B. Lorsque deux points ont été déterminés, on trouve la ligne entre ces deux points (pl. 1.re, fig. 2).

a, *b*, sont indiqués ; soit que ces deux points soient fixes, ou seulement figurés, l'adjudant *c* et un sous-officier *d* marchent à distance de peloton vers la nouvelle ligne de direction, de manière que *c*, regardant à droite, s'aligne sur *d*, *a*, pendant que *d* regarde à gauche vers le point *b*.

c et *d* continuent à marcher jusqu'au moment

où *d* ne voit plus le point *b*, parce qu'alors *c* est immanquablement devant ce point et le couvre ; *d* commande aussitôt *halte*, et les points intermédiaires sont trouvés.

Lorsqu'un régiment manœuvre seul, il suffit d'indiquer ces points, parce qu'en commandant le mouvement l'on désigne le côté vers lequel il s'exécute, ce qui détermine le point d'appui de la nouvelle ligne de bataille, ou bien la di-rection de la colonne, c'est-à-dire, tous les mou-vemens d'une ligne partant d'un point ou s'ap-puyant à un point, ou bien encore, devant s'y appuyer ; par exemple : *converser à droite, changer de front à droite, se former à droite, déployer à droite,* etc. ; parce que, dans ces différens cas, le point d'appui projeté ou effectif se trouve à droite.

On peut, d'après la position de l'aile d'une ligne, supposer que le nouveau point d'appui s'y trouve intercalé : par exemple, un change-ment de front sur le premier peloton du second escadron, ou bien un changement de front à gauche sur le quatrième peloton du troisième escadron. Le second commandement, qui pres-crit le mouvement à exécuter, indique aussi le point d'appui que le commandant a choisi dans la ligne.

Les commandemens *à droite, à gauche, par le flanc, en avant, en arrière,* renferment un sens facile à concevoir. La ligne de bataille d'un régiment est aussi, d'après toutes les conséquences, sa ligne visuelle, dont les quatre côtés principaux sont : *à droite, à gauche, en avant* et *en arrière.*

A tous les mouvemens *en avant* ou *en arrière* il sera ajouté le mot *à droite* ou *à gauche,* ce qui indiquera l'ordre du mouvement.

L'ordre d'une colonne sera à droite, quand l'aile droite aura formé sa tête, et à gauche, quand ce sera l'aile gauche.

Si tout ce qui a été dit jusqu'à présent a paru intelligible, les évolutions qui suivent paraîtront de la plus grande simplicité : elles sont, en effet, déduites des principes les plus clairs de la tactique.

Dans les mouvemens que contiennent les trois articles suivans, on suppose toujours une ligne de bataille ennemie contre laquelle on marche, ou devant laquelle on se retire.

ARTICLE I.er

Formation des colonnes en lignes.

PREMIÈRE ÉVOLUTION.

Formation en ligne de la colonne avec distances.

1.re MANIÈRE (planche 2).

Former en avant en bataille une colonne qui avait rompu par pelotons à droite (8.e évolution, 1.re manière); mouvement offensif.

Il sera commandé :

1.° *Régiment !*

2.° *Pour se former en avant en bataille sur le 1.er peloton du 2.e escadron !*

3.° 1.er *Escadron par pelotons* ⅜ *à droite;* 2.e, 3.e *et* 4.e *escadrons par pelotons* ⅛ *à gauche; le* 1.er *peloton du* 2.e *escadron droit devant lui;*

4.° *MARCHE !*

Le 1.er peloton du 2.e escadron se portera en avant de la distance de son front, fera halte et sera aligné par son commandant. Les chefs des trois derniers pelotons de cet escadron et ceux des pelotons des 3.e et 4.e escadrons commanderont : *En avant = Marche ; et guide à droite*, après que les pelotons auront exécuté leur huitième de conversion. Lorsque le 2.ᵉ peloton du 2.ᵉ escadron sera arrivé à sept pas de distance du 1.ᵉʳ peloton de ce même escadron, il sera commandé : *Aile gauche, en avant ; Marche !* le huitième de conversion achevé, *en avant, Marche,* et immédiatement après, *Halte !* Les autres pelotons suivront, en se conformant à ce qui vient d'être prescrit. [1]

Le premier escadron continuera à marcher après que ses pelotons auront achevé leur $\frac{3}{8}$ à droite, et se formera en avant, ordre inverse en bataille, aussitôt que son 4.ᵉ peloton sera à hauteur de son intervalle ; il se remettra face en tête, en exécutant le mouvement de pelotons

---

[1] L'auteur a ici bien sagement proscrit les colonnes partielles qu'on trouve dans plusieurs ordonnances, et particulièrement dans la nôtre, qui prescrit qu'aussitôt qu'il a été commandé *en avant*, ou *face en arrière en bataille*, chaque commandant d'escadron commande d'abord *tête de colonne demi à droite ou à gauche.* Chaque escadron s'en va alors prendre une direction particulière, pour se placer vis-à-vis son point d'appui sur la nouvelle ligne de bataille ; manœuvre, ou, pour mieux dire, promenade qui ne peut guère s'exécuter qu'au pas. (*Note du traducteur.*)

demi-tour à droite; après quoi, il s'alignera à gauche.

Dans toutes les formations les pelotons s'arrêteront à deux longueurs de cheval en arrière de la nouvelle ligne de bataille. L'expérience a prouvé jusqu'ici que l'alignement se rectifie mieux et plus facilement par les commandans d'escadron que par les chefs de peloton.[1]

Aussitôt que le 4.ᵉ peloton du 2.ᵉ escadron s'arrêtera, le guide de gauche de cet escadron se portera sur la ligne à laquelle appuie le 1.ᵉʳ peloton: dès qu'il sera établi sur le prolongement, le commandant de l'escadron commandera, *à droite alignement,* MARCHE! commandement auquel les trois pelotons en arrière de la ligne viendront s'y appuyer.

Dans les escadrons suivans, tous les pelotons s'arrêteront en-deçà de la ligne, à deux longueurs de cheval; et aussitôt que chaque quatrième peloton sera arrivé, le commandant d'escadron

---

1 Voilà déjà une preuve de l'inutilité du placement des chefs de peloton en avant du premier rang, ce qui, joint à tant d'autres considérations tactiques, devrait faire pencher pour la méthode de les répartir dans le premier rang: jusqu'à présent je n'y vois d'autre inconvénient qu'un peu de gêne pour les officiers. (*Note du traducteur.*)

placera les deux guides de droite et de gauche de leur escadron sur la ligne, et se conformera à ce qui vient d'être dit pour le commandant du 2.ᵉ escadron.

Cet alignement est essentiel, et doit être exécuté avec promptitude.

Un officier supérieur parcourra la ligne, afin de s'assurer que l'alignement est correct; après quoi le colonel commandera *Fixe!* Ce dernier commandement prononcé, les têtes se replaceront directes.

Les colonels ne devront jamais entrer dans les détails de l'exécution des mouvemens, ceci étant du ressort des officiers supérieurs et des commandans d'escadron. Le chef du régiment devra au contraire contracter l'habitude, si importante à la guerre, de se borner uniquement à commander, et donner toute son attention au terrain sur lequel peut paraître l'ennemi et sur lequel on peut le recevoir.

2.ᵉ MANIÈRE (planche 3).

Former une ligne face en arrière, lorsqu'on a rompu par pelotons à droite (à droite en colonne du côté opposé à l'ennemi; 8.ᵉ évolution, 2.ᵉ manière): mouvement défensif.

1.° *Régiment!*

2.º *Pour se former face en arrière en ba-*
taille sur le 1.ᵉʳ *peloton du* 1.ᵉʳ *escadron;*

3.º *Par peloton,* ⅛ *à droite,* 1.ᵉʳ *peloton*
du 1.ᵉʳ *escadron droit devant lui;*

4.º *MARCHE!*

La première partie de ce mouvement n'étant
qu'une formation en avant, ordre inverse en
bataille, elle s'exécutera comme dans la première
manière; lorsque les escadrons seront arrivés sur
la nouvelle ligne de bataille, chacun, sans
perdre de temps, se remettra face en tête en
exécutant un demi-tour à gauche par pelotons,
sans attendre le mouvement des escadrons voi-
sins, de manière que le premier escadron soit
déjà établi sur la nouvelle ligne de bataille
au moment où le deuxième y arrive à peine, et
pendant que les troisième et quatrième marchent encore en ordre oblique pour y arriver.

Ce mouvement, exécuté ainsi qu'il vient d'être
indiqué, permet de marcher promptement à
l'ennemi avec une partie de la ligne, tandis
qu'on ne perd rien du terrain que vient de
gagner la tête.

Aussitôt que le colonel a prononcé le second
commandement (ou commandement d'avertissement), un officier supérieur se porte sur l'alignement de la troupe de direction, et donne tous ses

soins à ce que la ligne de direction prescrite soit exactement maintenue, ce qui devient, pour les lignes diagonales, beaucoup plus difficile que l'on ne l'imagine au premier abord.

A l'arrivée sur la nouvelle ligne de bataille, les commandans d'escadron se tiendront toujours à l'extrémité d'une aile de leur escadron, et toujours du côté du point d'appui, c'est-à-dire qu'ils seront à droite quand on s'alignera à droite, et à l'aile gauche quand ce sera à gauche. [1]

La formation en ligne d'une colonne ayant la gauche en tête, est expliquée par ce qui vient d'être dit.

Les différentes formations en ligne vers le flanc d'une colonne, par exemple, une colonne ayant la droite en tête, se formant à gauche ou

---

[1] Cette disposition est contraire à tout principe de tactique, en ce que les commandans d'escadron tournent le dos au point d'appui, et qu'il leur devient par conséquent impossible de juger si leur troupe est établie sur le prolongement de celle sur laquelle doit se faire l'alignement. Il est bien plus naturel que les commandans d'escadron se tiennent à la gauche de leur escadron, quand l'alignement se prend à droite, et à la droite quand il se prend à gauche. (*Note du traducteur.*)

à droite, ordre inverse en bataille, ou bien se formant sur la droite ou sur la gauche en bataille, sont expliquées dans l'école de l'escadron, ainsi que les changemens de direction et d'ordre d'une colonne.

L'auteur ne présente ici que les mouvemens réglés de tactique, et qui renferment toujours un but projeté. On ne parlera pas des mouvemens préparatoires et de mécanisme particulier, non plus que de cette foule d'évolutions compliquées qui ne peuvent s'exécuter que sur un terrain d'exercice et jamais sous le feu du canon.

DEUXIÈME ÉVOLUTION.

Partant de l'ordre de colonne serrée (déploiement).

1.ʳᵉ MANIÈRE (planche 4).

Colonne serrée en masse, la droite en tête, se formant en ligne (pour marcher à l'ennemi; 9.ᵉ évolut., 1.ʳᵉ manière): mouvement offensif.

1.° *Régiment !*

2.° *Pour se former en ligne en avant sur le 2.ᵉ escadron;* [1]

3.° *1.ᵉʳ Escadron, par section à droite;*

4.° *Au trot, au galop,* MARCHE !

---

[1] Il serait plus simple et plus clair de conserver ici les commandemens que prescrit l'ordonnance française,

Aussitôt que le commandant du 2.ᵉ escadron se verra démasqué, il commandera : *Escadron, en avant, marche !* et se portera en avant, en dépassant, de la moitié du front de l'escadron, la ligne qu'occupait le 1.ᵉʳ escadron : cette marche en avant s'exécutera avec une allure double de celle prescrite pour le reste du déploiement.

Les trois autres escadrons qui ont rompu au commandement de *Marche,* marcheront droit devant eux au commandement *en avant marche,* et continueront leur mouvement de flanc à droite et à gauche, chacun en conservant la distance qu'il doit avoir en bataille.

Les commandans d'escadron commanderont à temps, *Front !.* Ceux qui se trouveront en

---

et qui sont ainsi conçus, *sur* (tel) *Escadron, déployez la colonne;* ce qui indique bien assez positivement qu'il s'agit de se former en bataille sur la tête de la colonne. Mais le traducteur s'est fait une loi de ne rien changer aux expressions de l'auteur, et encore moins à ses idées.

Quant à la manière d'exécuter ce mouvement par section ou demi-peloton, et non de le faire, comme les Français, par des *à droite* et *à gauche par quatre,* nul doute que le moyen dont se sert l'auteur ne soit infiniment préférable, en ce que chaque section est encadrée et se trouve guidée dans cette manœuvre importante par son chef naturel. (*Note du traducteur.*)

avant de l'escadron de direction (dans ce cas-ci le 1.er escadron), se porteront à la gauche de leur escadron et commanderont: *Guide, à gauche!* Ceux des escadrons en arrière de l'escadron de direction (ici les 3.e et 4.e escadrons) se porteront à hauteur de leur aile droite, et après *Front!* ils commanderont : *Guides, à droite!*

Ils commanderont : *Halte !* lorsque leurs escadrons seront arrivés à deux longueurs de cheval de la nouvelle ligne de bataille, et ensuite, *A droite ou à gauche alignement!* quand ils verront leurs guides généraux établis correctement sur la ligne.

Une colonne formée la gauche en tête, exécutera la même chose par les moyens contraires.

Les escadrons qui se trouvent en tête, déploieront à gauche ; ceux qui se trouvent en queue déploieront à droite.

2.e MANIÈRE (planche 5).

Colonne serrée, la droite en tête, se formant face en arrière en bataille, sur le flanc de l'ennemi (9.e évolution, 2.e manière); mouvement offensif.

1.º *Régiment ,*

2.º *Pour se former face en arrière en bataille sur le 4.e escadron;*

3.° *Par sections à gauche ;*

4.° *MARCHE !*

Le 4.ᵉ escadron, *à gauche, contre-marche, halte, front ; à gauche, alignement !*

Le 3.ᵉ escadron, sur la gauche en bataille.

Les 2.ᵉ et 3.ᵉ escadrons continueront à marcher jusqu'à ce qu'ils soient arrivés vis-à-vis de leur point de formation, et se formeront également sur la gauche en bataille.

Le déploiement d'une colonne serrée, à droite ou à gauche, s'exécute comme les formations à droite et à gauche.

Toute colonne peut se déployer sur une ligne diagonale.

ARTICLE II.
Mouvemens en ligne.

TROISIÈME ÉVOLUTION.
Marche en ligne.

1.re MANIÈRE (planche 6).

Marche en avant (mouvement offensif).

1.º *Régiment,*

2.º *Pour marcher en ligne, en avant,*

3.º *En avant,*

4.º *MARCHE !*

Le colonel veut-il faire exécuter le mouvement dans une autre allure que celle du pas, il ajoutera au second commandement ces mots : *Au trot, au galop,* et au troisième : *au trot, au galop, en avant !*

Il est de règle, dans la marche directe en ligne, de prendre la direction à droite, quand il n'en a pas été ordonné autrement. Cependant le colonel peut désigner pour escadron de direction celui qu'il jugera à propos.

Un des officiers supérieurs indique, au guide général de l'escadron de direction, un point de vue qui devient le point objectif de la marche : en prenant des points intermédiaires, ce guide général est forcé de se maintenir en ligne droite ; car, s'il se jette hors de cette ligne, il en résulte du flottement et de la pression, et la marche s'exécute mal.

Les officiers qui se trouvent devant la ligne de bataille ne s'inquiéteront pas de ce qui peut arriver dans cette ligne ; car, si celle des officiers reste alignée, il en sera de même de celle formée par la troupe.[1]

Les 60 ou 80 premiers pas sont parcourus par les escadrons dans une allure modérée, afin que le commandant de la ligne puisse s'assurer que le point de vue pris pour la direction est perpendiculaire au front de la ligne.

---

[1] Cette maxime, si souvent répétée, peut fort bien séduire sur un plan où l'on aura soin de tirer une ligne à la règle, et où appuieront les têtes des chevaux des officiers placés devant le rang ; mais cela devient bien différent sur un terrain inégal. Les officiers, placés devant le rang, n'ont aucune espèce d'appui, et, sans même qu'ils puissent s'en douter, ils appuient à droite ou à gauche ; ce sont eux qui, pour la plúpart du temps, causent les flottemens des marches en ligne. J'ai assez long-temps commandé un escadron, comme capitaine, pour avoir pu m'assurer de cette vérité. Combien de fois, au commandement *halte*, les chefs de peloton ne se trouvaient-ils pas devant un autre peloton que le leur et même souvent devant l'escadron voisin ? (*Note du traducteur.*)

Lorsque les intervalles se rétrécissent, le point de direction est pris trop à gauche; lorsqu'ils s'élargissent, c'est qu'il est pris trop à droite: le colonel fait signe alors à l'officier supérieur de corriger ces défauts.

Plus une ligne a d'étendue, plus sa marche devient difficile, surtout dans les allures plus précipitées que le trot.

Tous les escadrons doivent chercher à conserver leurs intervalles du côté de la direction; dès qu'ils sont perdus, il n'est plus possible que la marche en ligne réussisse.

Il est moins essentiel que les escadrons marchent à la même hauteur; toutefois chaque commandant d'escadron doit avoir l'œil sur le maintien du bon ordre de son escadron.

Lorsqu'il se présentera un obstacle devant le front d'un peloton, celui-ci rompra, d'après les principes établis à l'école d'escadron pour le passage d'obstacle, et cela sans attendre qu'il en ait reçu l'ordre.

Les déboîtemens s'exécuteront comme le prescrit l'école d'escadron.

Lorsque le colonel voudra arrêter la ligne, il commandera:

Régiment, HALTE;
Guides sur la ligne!

Aussitôt les guides se portent du front d'un peloton au-delà de la ligne des officiers, et sont promptement alignés par un officier supérieur; après quoi, il sera commandé, *A droite* ou *à gauche, alignement;* puis *Fixe !*

Il est important que les commandans d'escadron ne s'assujettissent pas à l'alignement sur l'escadron le plus près d'eux, mais qu'ils s'alignent sur la direction générale. (Tactique de la cavalerie, chapitre 8, page 138.)

Lorsque la marche en ligne a pour but d'attaquer l'ennemi, on prend le trot à trois cents pas de ce dernier; arrivé à cent pas de lui, on commande *Pour charger,* et quand on n'est plus qu'à trente pas, *Chargez !*

Les tirailleurs se jettent en même temps sur les deux flancs de l'ennemi.

Si l'ennemi est mis en fuite, le colonel fait sonner le ralliement, signal auquel le régiment s'arrête et se rallie autour de son étendard.

Les tirailleurs poursuivent l'ennemi, en se réglant d'après les circonstances.

Le colonel et les commandans d'escadron n'oublieront jamais de quelle importance il est, le jour d'une bataille, de tenir leur régiment et leurs escadrons réunis en bon ordre, et de les rallier aussitôt après la charge, pour être en

état de faire tête à l'ennemi et combattre les
nouvelles lignes qu'il pourrait développer.

La cavalerie ne doit, dans aucun cas, se laisser
attaquer ; elle doit, au contraire, toujours prévenir l'ennemi qui voudrait la charger.

Aussitôt la charge sonnée, les officiers des
corps armés de lances, qui se trouvaient jusqu'alors placés devant le front, se portent à
l'aile droite de leur peloton, de manière que
la croupe de leurs chevaux soit dans le rang.

Les commandans d'escadron se tiendront devant le centre de leur escadron.

Le colonel se tiendra devant le centre du
régiment, un adjudant et le trompette-major
derrière lui; l'étendard suivra le colonel.

L'officier supérieur se tiendra en serre-file
derrière le centre du régiment. (Chapitres 8 et 9
de la Tactique de la cavalerie.)

2.e M A N I È R E.

Marche en retraite (mouvement défensif).

1.° *Régiment*,

2.° *Pour marcher en arrière, par sections
demi-tour à gauche* ou *à droite;*

3.° *Par sections demi-tour à gauche* ou *à
droite !*

4.° M*arche* !

Les commandans de peloton converseront avec leur peloton ; le colonel et les commandans d'escadron resteront derrière la ligne ; les guides des escadrons feront leur demi-tour individuellement, afin de pouvoir rester sur les ailes.

La conversion achevée, les commandans d'escadron commanderont, *En avant, marche !* mouvement qui rétablira la ligne.

QUATRIÈME ÉVOLUTION.
(Planche 7.)

Marche en échelons (mouvement offensif).

1.° *Régiment,*

2.° *Pour marcher en avant, par la droite ou par la gauche en échelons ;*

3.° 1.ᵉʳ ou 4.ᵉ *escadron, en avant,* MARCHE!

Les autres escadrons suivront ce mouvement à la distance d'un demi-escadron.

La ligne de bataille se rétablit dès qu'on sonne l'appel.

La marche en échelons est d'une exécution aussi facile qu'elle est importante. (Tactique de la cavalerie, chapitre 8, page 141.)

CINQUIÈME ÉVOLUTION.

(Planche 8.)

Retraite en échiquier (mouvement défensif).

1.° *Régiment ,*

2.° *Retraite en échiquier ;*

3.° 2.° *Ligne, par sections , demi-tour à gauche ;*

4.° MARCHE !

La conversion achevée, les commandans d'escadron commanderont, *En avant, marche, guide à droite !*

Les escadrons impairs (les 1.er et 3.e) formeront la première ligne ; les escadrons pairs (les 2.e et 4.e), la seconde.

Le colonel commandera la première ligne, et un officier supérieur la seconde.

La 2.e ligne marchera environ trois cents pas ; après quoi, elle se reformera, face en tête, en exécutant un demi-tour à gauche, par sections.

Aussitôt que la seconde ligne aura rétabli sa ligne de bataille, le colonel commandera :

1.° *Première ligne ,*

2.° *En retraite, par sections, demi-tour à droite ;*

3.° *Par sections, demi-tour à droite ;*

4.° MARCHE !

Un ennemi entreprenant choisira ce moment pour agir. C'est pourquoi la première ligne prend le trot jusqu'aux intervalles de la seconde, et marche ensuite trois cents pas en arrière de celle-ci, où elle fait face en tête. Ce mouvement rétrograde est couvert par les tirailleurs.

Lorsqu'une ligne en traverse une autre en passant dans ses intervalles, cette dernière (quand l'ennemi est à proximité) se porte toujours à quinze pas en avant.

Pendant cette marche rétrograde, la première ligne exécutera toutes ses marches conversives par des demi-tours à droite, et la seconde, par des demi-tours à gauche.

Lorsque le colonel fera sonner un appel, la ligne en arrière viendra se placer sur le même alignement que la première, avec laquelle elle n'en formera plus qu'une.

SIXIÈME ÉVOLUTION.
Changemens de front.

Les changemens de front sont des conversions ou marches en lignes courbes; mais comme on ne peut converser avec de plus fortes subdivisions qu'un escadron, on nomme les mouvemens

conversifs d'un régiment ou d'une ligne plus
étendue, changemens de front. (Tactique de la
cavalerie, chapitre 8, page 142.)

1.ʳᵉ MANIÈRE (planche 9).

Changement de front en avant (mouvement
offensif).

1.º *Régiment,*

2.º *Pour changer de front, en avant, per-
pendiculairement à droite;*

3.º *Par peloton ⅛ à droite, 1.ᵉʳ peloton
du 1.ᵉʳ escadron à droite;*

4.º *MARCHE!*

Le peloton de direction se portera droit devant lui, de la longueur de son front, fera halte,
et de suite son alignement sera rectifié.

Les commandans d'escadron commanderont,
En avant, marche! aussitôt que les pelotons
auront achevé leur huitième de conversion. L'on
se conformera pour le reste à ce qui a été prescrit
dans l'article 1.ᵉʳ (premier mouvement, première manière).

Lorsqu'on ne voudra changer de front qu'avec
un huitième, on commandera (Planche 10),

1.º *Régiment,*

2.º *Pour changer de front à droite en*

avant d'un huitième ; sur le 1.er *peloton du* 1.er *escadron ;*

3.º *En avant,* 1.er *peloton du* 1.er *escadron,* ⅛ *à droite ;*

4.º M*arche* !

2.º M*anière* (planche 11).

Changement de front en arrière (mouvement défensif).

1.º *Régiment,*

2.º *Pour changer de front en arrière à droite, sur le* 1.er *peloton du* 1.er *escadron ;*

3.º *Par pelotons* ⅝ *de demi-tour à gauche ;* 1.er *peloton à gauche ;*

4.º M*arche* !

Le peloton de direction s'arrêtera après avoir conversé, et marquera la nouvelle ligne de bataille.

Les autres pelotons, après leur conversion, se conformeront à ce qui a été dit pour la 1.re évolution, 2.e manière.

Dans tous les mouvemens où une des ailes d'une ligne se trouvera refusée, les conversions des subdivisions de cette aile s'exécuteront, pour commencer le mouvement, du côté opposé au point d'appui, et pour se remettre face en tête

on conversera vers le point d'appui : par ce
moyen, on se trouvera rétabli dans l'ordre naturel qu'il avait fallu intervertir pour l'exécution du changement de front.

Dans les changemens de front en arrière à
droite, les subdivisions exécutent leur mouvement rétrograde par $\frac{5}{8}$ de conversion à gauche,
et font face en tête par une conversion à gauche.

Les changemens de front en avant à gauche
et en arrière à gauche s'exécutent par les mouvemens inverses, mais toujours d'après les mêmes
principes.

Il est bien entendu que, dans un changement
de front sur une subdivision du centre d'une
ligne, une partie de cette ligne se porte en
avant, l'autre en arrière ; les subdivisions qui se
portent en avant exécutent leur mouvement par
$\frac{1}{8}$, celles qui se portent en arrière par $\frac{5}{8}$ de
conversion.

SEPTIÈME ÉVOLUTION.

Passage d'un défilé.

Lorsqu'un régiment, marchant en ligne en
présence de l'ennemi, rencontrera un défilé à
passer, il le fera, soit par escadrons, demi-escadrons, pelotons, ou même en moindres subdi-

visions, selon la largeur du défilé, et en rompant par le centre, parce que ce mouvement est le plus propre à former promptement la ligne de bataille en sortant du défilé.

1.re MANIÈRE.

Passage du défilé en avant (mouvement offensif).

A. *Colonne avec distance.*

Rompre (planche 12).

1.° *Régiment,*

2.° *Pour passer le défilé en avant, par le centre, par demi-escadrons;*

3.° *1.er et 3.e escadrons par pelotons à gauche, 3.e et 4.e escadrons par pelotons à droite; le 4.e peloton du 2.e escadron et le 1.er peloton du 3.e escadron en avant;*

4.° MARCHE!

La colonne traversera le défilé sur le front d'un demi-escadron, en conservant la distance de l'ordre de colonne par pelotons; le 4.e peloton du 2.e escadron, et le 1.er peloton du 3.e escadron se réuniront, en marchant, par un oblique à gauche et à droite.

Les autres pelotons suivront les mouvemens du centre.

Lorsque le défilé se trouvera vis-à-vis d'autres subdivisions de la ligne, le second commandement indiquera les subdivisions qui devront former la tête de la colonne. Dans ce dernier cas, l'une des ailes sera plus forte que l'autre et les dernières subdivisions passeront le défilé sans doubler.

FORMATION.

1.° *Régiment*[1],

2.° *Sur la tête de la colonne successivement formez la ligne;*

3.° *De droite et de gauche en ligne;*

4.° MARCHE!

---

[1] L'auteur veut ici deux genres de formation, du moins d'après sa planche, c'est-à-dire que le 2.° escadron se forme en avant en bataille, et le 1.er sur la gauche en bataille : il en est de même, mais par des mouvemens contraires, pour les 3.° et 4.° escadrons. Il me semble qu'il vaudrait mieux, lorsque toutefois le terrain n'y met pas d'obstacle, prendre son point d'appui de formation assez en avant du défilé pour pouvoir se former en ligne par un *en-avant en bataille*, afin de n'avoir qu'un seul genre de formation dans cette manœuvre. (*Note du traducteur.*)

B. *Passage du défilé en colonne serrée.* [1]

(Planche 13.)

FORMATION DE LA COLONNE.

1.° *Régiment,*

2.° *Pour former la colonne d'attaque;*

3.° 1.er *et* 2.° *escadrons par sections,* ⅜ *à gauche,* 3.° *et* 4.° *escadrons* ⅜ *à droite, 2.° demi-escadron du 2.° escadron, et le 1.er demi-escadron du 3.° escadron, en avant;*

4.° MARCHE !

---

1 Il paraît plus prompt et plus simple de former la colonne d'attaque en marchant, surtout dans la circonstance dont il est ici question. En exécutant cette évolution comme je le propose, on gagnera tout le temps qu'il aurait fallu perdre pour former cette colonne de pied ferme.

Il sera commandé (planche 13 *bis,* figure 1.re) :

1.° *Garde à vous !*

2.° *Le centre en tête, sur le* 2.° *demi-escadron du* 2.° *escadron, et le* 1.er *demi-escadron du* 3.° *escadron, en marchant, formez la colonne d'attaque !*

3.° (Indiquer l'allure.)

4.° MARCHE !

Au troisième commandement, le commandant du 1.er escadron commandera : *Demi-escadrons à gauche !*

Celui du 2.° escadron commandera : *Premier demi-*

Les deux demi-escadrons du centre du régiment se porteront en avant, se réuniront en

---

escadron à gauche! *deuxième demi-escadron en avant et oblique à gauche!*

Celui du 3.ᵉ escadron commandera : *Premier demi-escadron en avant et oblique à droite! deuxième demi-escadron à droite!*

Celui du 4.ᵉ escadron commandera : *Demi-escadrons à droite!*

Au commandement de marche, répété par les officiers supérieurs et les commandans d'escadron, le deuxième demi-escadron du 2.ᵉ escadron et le premier demi-escadron du 3.ᵉ escadron obliqueront à gauche et à droite pour se joindre botte à botte, et continueront à marcher : le premier demi-escadron du 2.ᵉ escadron et le deuxième demi-escadron du 3.ᵉ escadron marcheront quelques pas, et tourneront, le premier à droite, le second à gauche, quand ils seront arrivés à distance d'escadron l'un de l'autre, ou, pour mieux dire, quand la droite du premier demi-escadron du 2.ᵉ escadron sera arrivé dans la direction de la droite du demi-escadron qui le précède; et ainsi de suite pour les autres.

Chaque commandant d'escadron restera, comme le veut l'auteur, avec son premier demi-escadron, et commandera, pendant la durée de la colonne, le nouvel escadron réuni; les capitaines en second marcheront avec les seconds demi-escadrons, afin de les conduire pendant les formations.

Déploiement de la colonne d'attaque après la sortie du défilé (planche 13 *bis*, figure 2).

marchant par oblique à gauche et à droite, et
s'arrêteront après avoir parcouru l'étendue de

La méthode que je propose pour remplacer celle
que donne l'auteur, n'exigeant que vingt pas de plus
sur la profondeur de la colonne pour la former en
bataille, je pense que cet inconvénient est si peu de
chose qu'il ne peut être mis en balance avec l'avantage d'une formation plus prompte et moins compliquée.

Lorsqu'on voudra se former en bataille à la sortie
du défilé,

Il sera commandé :

1.° *Garde à vous !*

2.° *En avant en bataille* (ou, si l'on veut, *Escadrons
en ligne*)!

3.° (Indiquer l'allure.)

4.° *Marche !*

Au deuxième commandement, le commandant du
deuxième demi-escadron du 2.ᵉ escadron, et celui du
premier demi-escadron du 3.ᵉ escadron, commanderont, le premier, *Oblique à droite*, le second, *Oblique à
gauche !*

· Ceux des demi-escadrons formés par le 1.ᵉʳ escadron
et par le premier demi-escadron du 2.ᵉ escadron commanderont : *Pelotons demi-à-droite !* Ceux des demi-
escadrons formés par le deuxième demi-escadron du
3.ᵉ escadron et par ceux du 4.ᵉ escadron, commanderont : *Pelotons demi-à-gauche !*

Au commandement de *Marche !* le deuxième demi-
escadron du 2.ᵉ escadron, et le premier demi-escadron
du 3.ᵉ escadron se porteront de vingt-cinq à trente pas
en avant, en obliquant, le premier, *à droite*, le second,

leur front : ils formeront l'escadron de tête de
la colonne.

Le premier demi-escadron du 2.ᵉ escadron
et le deuxième demi-escadron du 3.ᵉ escadron
se réuniront à la distance d'une section de l'escadron de la tête, et formeront le 2.ᵉ escadron.

De cette manière le deuxième demi-escadron
du 1.ᵉʳ escadron et le premier demi-escadron
du 4.ᵉ escadron formeront le 3.ᵉ escadron ; et,
enfin, le premier demi-escadron du 1.ᵉʳ esca-

à gauche, pour reprendre leur intervalle de bataille ;
leur alignement sera aussitôt rectifié.

Les autres demi-escadrons continueront à marcher
jusque vis-à-vis leur point d'appui, et quand ils y seront arrivés, leur chef commandera, pour le premier
demi-escadron du 2.ᵉ escadron, et les premier et
deuxième du 1.ᵉʳ escadron : *Pelotons demi-à-gauche, à
gauche alignement !*

Il en sera de même, mais par les moyens inverses,
pour le deuxième demi-escadron du 3.ᵉ escadron, et
pour les deux demi-escadrons du 4.ᵉ escadron.

Je crois devoir prévenir ici le lecteur que, dans
toutes les planches de manœuvres, dessinées et gra-
vées par moi, la troupe fait toujours face à la personne qui voit la planche. Cette méthode, suivie par
les meilleurs tacticiens, paraît aussi la plus convenable, surtout pour la cavalerie, où le chef d'une
troupe est placé devant son front, et ne la voit presque
jamais que de ce côté. (*Note du traducteur.*)

dron et le deuxième demi-escadron du 4.ᵉ escadron formeront le 4.ᵉ escadron.

Chaque commandant d'escadron restera avec son premier demi-escadron, et prendra le commandement du nouvel escadron réuni, duquel fera partie son premier demi-escadron.

La manière de former cette colonne, en marchant, n'a pas besoin d'explication.

Développement de la colonne.

(Planche 13.)

1.° *Régiment,*

2.° *Pour se former en ligne en avant, sur le centre;*

3.° *Escadron de la tête en avant, les autres escadrons, par sections, à droite et à gauche;*

4.° *MARCHE!*

Les deux demi-escadrons du centre (qui en colonne formaient la tête) reprennent, en marchant, leur intervalle, en obliquant à droite et à gauche, s'arrêtent et s'alignent promptement.

Les demi-escadrons de l'aile droite conversent par sections à droite, ceux de l'aile gauche par sections à gauche, et continuent à marcher jusqu'à hauteur de leur place de bataille, qu'ils vont reprendre après le commandement de *front !* et ce d'après les règles prescrites pour se placer sur la nouvelle ligne de direction.

En marche, la ligne se forme d'après les règles des formations ordinaires.

2.ᵉ MANIÈRE.

Passage du défilé en arrière : mouvement défensif (ch. 8, p. 147, Tactiq. de la caval.)

Lorsqu'un régiment, poursuivi par l'ennemi dans son mouvement de retraite, rencontrera un défilé en face de son centre, il le passera par des mouvemens successifs, qui commenceront par les pelotons des ailes, afin de masquer son mouvement, et de laisser une partie de ses forces en présence de l'ennemi.

Premier mouvement (planche 14).

1.° *Régiment,*

2.° *Pour passer le défilé en arrière, par les ailes, par sections, rompez en arrière ;*

3.° 1.ᵉʳ *et* 4.ᵉ *escadrons, par sections, rompez successivement en arrière ;*

4.° *MARCHE !*

La 1.ʳᵉ section du 1.ᵉʳ escadron fera demi-tour à droite (en conversant entièrement), et la 8.ᵉ section du 4.ᵉ escadron fera demi-tour à gauche. Ces deux fractions de troupe dirigeront leur marche obliquement et par le chemin le plus court vers le défilé.

Les autres sections suivront ce mouvement dès qu'elles auront à leur droite et à leur gauche assez d'espace pour exécuter leur demi-tour.

Aussitôt que chaque escadron sera en colonne, le commandant de cet escadron commandera : *Au trot, — Marche!*

Les 2.ᵉ et 3.ᵉ escadrons exécuteront le même mouvement; mais ils ne le commenceront que quand les 1.ᵉʳ et 4.ᵉ escadrons seront formés en bataille de l'autre côté du défilé.

Le régiment se trouvera par conséquent formé sur deux lignes.

Les tirailleurs couvriront la retraite, ainsi qu'il est indiqué sur la planche.

Aussitôt que les 1.ᵉʳ et 4.ᵉ escadrons auront traversé le défilé, ils se formeront en bataille pour faire face à l'ennemi.

L'officier supérieur qui aura pris le commandemént de cette ligne, commandera :

1.° *Ligne,*

2.° *Sur la queue de la colonne, face en arrière en bataille;*

3.° 1.ᵉʳ *Escadron par sections* ³/₈ *à gauche.*
    la 8.ᵉ *section demi-tour à gauche,* 4.ᵉ *es-*

cadron par sections ⅜ à droite, la 1.ʳᵉ
section demi-tour à droite;

4.ᵉ *MARCHE!*

Aussitôt la conversion achevée, les escadrons
se formeront en avant en bataille.

D'après cette manière de rétablir la ligne de
bataille, il restera entre les deux escadrons un
intervalle du front d'un peloton, par lequel se
retirera l'autre ligne, qui marchera deux cents
pas; après quoi elle se formera parallèlement
aux 1.ᵉʳ et 4.ᵉ escadrons, ainsi qu'il vient d'être
expliqué pour ces mêmes escadrons.

Le colonel jugera, d'après les circonstances,
si le régiment doit continuer à manœuvrer sur
deux lignes, ou bien s'il doit se reformer sur
une seule.

Dans le premier cas, les mouvemens s'exécuteront par les deux ailes et en les tournant, ce qui
sera expliqué dans une manœuvre supplémen-
taire de cet article : dans le second cas, le premier escadron converse par sections demi-tour à
droite, le second par sections demi-tour à gauche, et ils marchent obliquement en arrière pour
reprendre leur place de bataille sur les ailes du
régiment.

Dans le cas où un régiment se verrait forcé
de passer un défilé qui se trouverait vis-à-vis

une de ses ailes, l'on exécuterait le mouvement
en faisant rompre en arrière par la droite, pour
marcher vers la gauche, si le défilé est de ce
côté, et, dans le cas contraire, de la gauche à
la droite.

La largeur du défilé déterminera toujours les
subdivisions par lesquelles on rompra.

MANŒUVRE DE SUPPLÉMENT.

Marche en avant et rétrograde sur deux lignes.

Cette manœuvre doit être rangée parmi celles
ayant rapport à la septième évolution; car, hors
les circonstances dont il s'agit ici, un régiment
se trouvera bien rarement obligé de manœuvrer
sur deux lignes.

La Tactique indique des manœuvres sur plusieurs lignes. (Chapitre 3, depuis page 45 à
pag. 54, et chapitre 7, de pag. 117 à 124, Tactique de la cavalerie.)

Il faut, en conséquence, qu'aussitôt que le
chef de la cavalerie prévoit, pour cette arme,
un engagement sérieux, il la dispose sur deux
ou même trois lignes, selon les circonstances;

car une ligne de cavalerie peut éprouver un
échec qui la dissémine et la force à la retraite.

Le général désigne, avant le déploiement des
colonnes, les régimens ou escadrons sur lesquels
on déploiera (1.ʳᵉ et 2.ᵉ évolutions, article 1.ᵉʳ).

La seconde ligne doit être tenue à une assez
grande distance de la première pour qu'un
échec éprouvé par celle-ci ne puisse influer
en rien sur la seconde, et qu'elle puisse conserver toute sa force pour donner vigoureusement et ne pas être mise en désordre par les
fuyards de la première.[1]

1.ˢᵉ MANIÈRE.

Marche en avant : mouvement offensif.
(Planche 16.)

1." *Deuxième ligne ,*

2.° *Rompre par pelotons* ou *demi-escadrons,*
   pour marcher en avant par les deux ailes ;

3.° Aussitôt que les colonels de la deuxième
   ligne auront répété ce commandement, cha-

---

[1] La portée d'une pièce de six, l'espace qu'on parcourt en deux minutes au trot, ou bien encore six
cents pas, peuvent être pris comme mesure ordinaire
de la distance à établir entre les deux lignes. (*Note de
l'auteur.*)

cun fera à son régiment le commandement
particulier que nécessite cette évolution,
de manière qu'à celui de

4.° *Marche* !

prononcé par le commandant de la brigade, la
seconde ligne forme deux colonnes, dont l'une
aura rompu par pelotons à droite, l'autre par
pelotons à gauche, pour marcher en avant.

Les têtes des colonnes se dirigeront de manière à tourner les deux ailes de la première
ligne ; aussitôt qu'elles les auront dépassées de
cinq à huit cents pas, il sera commandé :

1.° *Deuxième ligne,*

2.° *Vers le centre formez la ligne* ; ou *vers*
   le centre en avant en bataille ;

5.° Le colonel de chaque régiment fera le
   commandement particulier que prescrit la
   1.ʳᵉ évolution, première manière, article 1.ᵉʳ

4.° *Marche* ¹ !

---

1 Le passage des lignes ne s'exécute ordinairement
que dans l'intention de poursuivre l'ennemi avec des
troupes fraîches, en faisant passer la seconde ligne en
avant de la première pour relever celle-ci, soit qu'elle
ait combattu victorieusement, soit qu'elle ait été battue ;
ou bien encore, lorsque, la première ligne ayant été
maltraitée par un feu meurtrier, ou ayant éprouvé une
défaite, ou enfin lorsque, la voyant démoralisée et

2.ᵉ MANIÈRE.

(Planche 17.)

Marche en retraite : mouvement défensif.

1.º *Première ligne,*

2.º *Par pelotons, rompez en arrière par les ailes ;*

---

voulant la soustraire à une déroute générale, on la fait retirer derrière la seconde.

Cette dernière manœuvre est, de toutes celles qui peuvent se pratiquer à la guerre, une des plus difficiles et des plus dangereuses, en ce qu'elle doit presque toujours s'exécuter en présence et à proximité de l'ennemi souvent victorieux. Les considérations morales viennent encore y mettre de nouveaux dangers et rendre l'opération plus chanceuse.

L'auteur, en voulant éviter de faire passer une ligne à travers l'autre, a été obligé de recourir à un moyen plus dangereux encore, celui de prêter le flanc et de défiler en colonne par pelotons sur un trop grand espace avant de pouvoir se reformer en ligne. J'ai cherché à remédier à ces inconvéniens autant qu'il est possible, en proposant une autre méthode.

On me reprochera peut-être que la formation de mes colonnes d'attaque présente des lenteurs ; d'autres diront que les mouvemens en sont trop compliqués. Cependant, les colonnes d'attaque de la seconde ligne se formant pendant la marche de cette ligne en avant, elles auront plus tôt traversé la première ligne et seront plus tôt formées que les colonnes de quatre escadrons

5.° Les colonels feront chacun le commandement particulier à leur régiment, de façon
qu'au commandement de

4.° *MARCHE* !

prononcé par le commandant de la brigade, la

---

tournant autour des ailes de la première ligne. D'ailleurs les colonnes d'attaque, n'ayant de profondeur
que celle d'un escadron, n'ont pas besoin, pour se
former en bataille, de plus de temps qu'il n'en faut à
un escadron ; elles seront donc encore plus tôt en ligne
que les colonnes de quatre escadrons venant des ailes
et qui sont obligées de marcher en colonne au-delà
de la deuxième ligne de toute leur profondeur, c'est-
à-dire de celle de quatre escadrons, avant de pouvoir
commencer leur mouvement.

Quant au mouvement à exécuter par les pelotons de la première ligne pour faire un passage aux
colonnes d'attaque de la seconde, il ne peut s'y trouver aucune difficulté, parce qu'ils sont couverts aussitôt par la ligne qui se forme devant eux.

Je ne crains pas d'avancer que le mouvement proposé par l'auteur pour le passage de la première ligne
en retraite pour se former derrière la seconde, présente des difficultés et des dangers plus graves encore, surtout en présence d'un ennemi entreprenant,
qui, voyant commencer ce long mouvement de colonnes par pelotons, ne manquerait pas de pousser
vigoureusement les deux colonnes de la première
ligne et de les rejeter en déroute sur la deuxième
ligne, où elles mettraient la confusion et qu'elles

ligne soit formée de droite et de gauche en deux colonnes.

---

empêcheraient de faire aucun mouvement pour arrêter l'ennemi.

Je n'ai pas la prétention de croire ma méthode infaillible ; mais je pense que la première ligne, se retirant par un simple mouvement de *peloton demi-tour à gauche*, courra moins de chances qu'en rompant entièrement, et que, se voyant serrée de trop près, son mouvement commencé, il lui sera au moins possible de faire bonne contenance, en se remettant par un *peloton demi-tour à droite*, face en tête, ce qui donneroit à la seconde ligne le temps de se porter en avant. Rien de plus simple au reste que sa formation par un *peloton demi-tour à gauche*, lorsqu'elle aura traversé en retraite la seconde ligne.

Il serait utile, surtout pour cette manœuvre, comme aussi pour attacher les officiers supérieurs plus particulièrement à leur troupe, que deux escadrons formassent, comme dans la cavalerie autrichienne, *une division* commandée par un chef d'escadron qu'on nommerait *chef de division*. Supposant donc les escadrons formés comme je viens de le dire, les mouvemens s'exécuteraient ainsi qu'il suit :

Passage de la seconde ligne en avant.

(Planche 16 *bis.*)

Il sera commandé :

1.º *Garde = à vous !*

2.º *Passage de la seconde ligne en avant !*

Les têtes de ces colonnes tourneront les ailes de la seconde ligne, et lorsqu'elles les auront

---

3.° Le commandant de la seconde ligne commandera :

Dans chaque division, le centre en tête, par pelotons, formez les colonnes d'attaque !

4.° (Indiquer l'allure.)

5.° M*arche* !

Ce mouvement s'exécutera en marchant comme je vais l'expliquer pour une division que je suppose la première de chaque régiment. Il en sera de même pour toutes les évolutions qui suivent, tant pour le passage de ligne en avant, que pour celui de la première ligne en retraite, et il sera toujours question de la première division d'un régiment, les mouvemens étant les mêmes pour toutes les autres.

Le chef de division commandera, après le troisième commandement (prononcé par le commandant de la 2.ᵉ ligne, et répété par son colonel) :

1.° *Sur le quatrième peloton du 1.ᵉʳ escadron et sur le premier peloton du 2.ᵉ escadron, le centre en tête et en marchant, formez la colonne d'attaque !*

2.° (Indiquer l'allure en répétant le quatrième commandement fait par le général et les colonels.)

Lorsque le colonel aura répété, après le commandant de la seconde ligne, le mot *Marche*, le chef de division commandera *Marche !* et le mouvement s'exécutera ainsi qu'il suit :

Le quatrième peloton du 1.ᵉʳ escadron et le premier peloton du 2.ᵉ escadron marcheront en avant, en obliquant l'un vers l'autre, jusqu'à ce qu'ils se soient joints

20

dépassées de cinq à huit cents pas, il sera commandé :

1.° *Première ligne*,

---

botte à botte, après quoi ils se dirigeront droit devant eux et vers l'intervalle du 1.ᵉʳ au 2.ᵉ escadron de la première ligne.

Les autres pelotons du 1.ᵉʳ escadron rompront à gauche, ceux du 2.ᵉ escadron rompront à droite; aussitôt leur conversion achevée, ils marcheront pour venir tourner à droite et à gauche sur l'emplacement où se sont réunis les pelotons de la tête, de manière que le troisième peloton du 1.ᵉʳ escadron et le deuxième peloton du 2.ᵉ escadron forment le second demi-escadron de la colonne, et ainsi de suite. La colonne d'attaque se trouvera alors formée de deux colonnes jumelles, dont l'une aura la gauche en tête, l'autre la droite. Ces deux colonnes réunies n'en formeront plus qu'une seule, qui aura le front d'un demi-escadron. Les demi-escadrons conserveront la distance de l'ordre de colonne par pelotons.

Il devient presque inutile de répéter ici que le même mouvement sera exécuté en même temps par les autres divisions de la ligne.

Mouvement de la première ligne.

Aussitôt que l'officier supérieur commandant la première division verra la colonne d'attaque formée par la première division de la seconde ligne, à cinquante pas de l'intervalle qui sépare les escadrons de sa division, il commandera :

2.º *Vers le centre, face en arrière, formez*
   la ligne;

1.º *Quatrième peloton du* 1.ᵉʳ *escadron! = Premier pe-*
loton du 2.ᵉ *escadron! en avant, et de suite oblique*
à droite et à gauche!

Ces pelotons se porteront aussitôt en avant de huit
pas, et obliqueront à droite et à gauche du front d'un
peloton. Aussitôt la colonne d'attaque passée, les chefs
de ces pelotons qui se seront portés à leur tête, commanderont :

Celui du quatrième peloton du 1.ᵉʳ escadron, *Pelo-*
   ton demi-tour à gauche; Marche, en avant!
Celui du premier peloton du 2.ᵉ escadron, *Peloton*
   demi-tour à droite; Marche, en avant!

Lorsque ces pelotons auront dépassé le second rang
de leurs escadrons respectifs, les chefs de peloton commanderont : celui du 4.ᵉ peloton du 1.ᵉʳ escadron,
Peloton à gauche, marche! et de suite sans s'arrêter,
Peloton en cercle à droite! Ce mouvement aux trois
quarts achevé, il commandera, *En avant!* arrivé à hauteur du second rang du troisième peloton, *Halte!* puis,
A droite alignement! Le premier peloton du 2.ᵉ escadron
exécutera la même chose, mais par les mouvemens
inverses.

Formation de la seconde ligne, après avoir traversé
   la première.

Il sera commandé :

1.º *Garde à vous!*
2.º *Formez les escadrons!*

5.° Les colonels prononceront le commandement prescrit pour la 1.ʳᵉ évolution, 2.ᵉ mode, article 1.ᵉʳ,

---

3.° (Indiquer l'allure, si le mouvement ne s'est pas exécuté au galop.)

4.° Marche !

Les premier et deuxième commandemens seront répétés par les colonels et les officiers supérieurs. Les commandans d'escadron commanderont, *Formez l'escadron !*

Au commandement de *Marche*, les pelotons de la tête obliqueront à droite et à gauche pour reprendre leur intervalle de bataille; les autres pelotons du 1.ᵉʳ escadron feront *peloton demi-à-droite*, et viendront se former en ligne, comme le prescrit le réglement pour les formations *en avant en bataille*, à l'exception qu'ils continueront à marcher. Les trois derniers pelotons du 2.ᵉ escadron feront *pelotons demi-à-gauche*, et se formeront également en ligne, comme il est dit ci-dessus.

La formation achevée, le commandant de la ligne indiquera le côté du guide, et marchera jusqu'à ce qu'il soit à cinq ou huit cents pas en avant de la première ligne.

Passage de la première ligne en retraite à travers la seconde.

(Planche 17 *bis.*)

Il sera commandé :

1.° *Garde à vous !*

4.° MARCHE!

La colonne formée de l'aile droite se remettra face en tête, après s'être formée face en arrière

---

2.° *Passage de la première ligne, ligne en arrière!*

3.° (Indiquer l'allure.)

4.° MARCHE!

Au second commandement le commandant de la seconde ligne commandera:

1.° *En arrière des pelotons du centre, dans chaque division; formez les colonnes d'attaque!*

2.° *Au galop!*

3.° MARCHE!

Après le premier commandement du chef de la seconde ligne, répété par les colonels de cette ligne, les chefs de division commanderont : *En arrière des pelotons du centre, formez la colonne d'attaque; au galop, marche!* (Planche *A.*)

A ce commandement le quatrième peloton du 1.er escadron et le premier peloton du 2.e escadron obliqueront de suite à gauche et à droite pour se joindre, et feront halte.

Les troisième, deuxième et premier pelotons du 1.er escadron rompront par sections à gauche, tourneront encore un quart à gauche, marcheront droit devant elles, et viendront se former, en conversant par sections à droite, en colonnes par pelotons, la gauche en tête, à la distance prescrite pour l'ordre de colonne par pelotons derrière le quatrième peloton. Les trois derniers pelotons du 2.e escadron exécuteront le mouvement par sections à droite, et viendront

en bataille, en exécutant un demi-tour à droite

---

former leurs pelotons en colonne, la droite en tête, derrière le premier peloton.

Lorsque le commandant de la première ligne verra le mouvement de la seconde commencé pour se former en colonnes d'attaque,

Il commandera :

1.° *Première ligne !*

2.° *Pelotons demi-tour à gauche !*

3.° (*Indiquer l'allure.*)

4.° M*ARCHE !*

5.° *En avant; Guide à droite!*

Lorsque la première ligne arrivera à quarante ou cinquante pas des colonnes d'attaque, les escadrons qui rencontreront comme obstacle une colonne d'attaque, exécuteront ce qui va être expliqué pour le 1.er escadron.

Le commandant du premier peloton commandera, *Oblique à droite;* celui du deuxième peloton, *Oblique à gauche, et en avant!* lorsque ces pelotons auront démasqué la colonne d'attaque.

Les pelotons qu'on vient de nommer, marcheront ainsi jusqu'à ce qu'ils aient dépassé la profondeur de la colonne d'attaque : après quoi ils obliqueront de nouveau, savoir : le troisième à droite, le quatrième à gauche, pour reprendre leur place dans leur escadron.

Aussitôt que la première ligne aura dépassé la profondeur des colonnes d'attaque formées de la seconde ligne, le commandant de cette dernière commandera :

1.° *Seconde ligne,*

2.° *En avant en bataille ;*

par pelotons ; celle de l'aile gauche, par un demi-tour à gauche par pelotons.

3.° *Au galop*,

4.° M*arche* !

Ce mouvement s'exécutera comme il est prescrit pour toutes les formations en avant en bataille. Les pelotons formant la tête de chaque colonne d'attaque obliqueront à droite et à gauche, en avançant de quelques pas, pour rétablir l'intervalle entre les escadrons.

La première ligne ayant dépassé de sept à huit cents pas la seconde, le commandant de la première ligne commandera :

1.° *Première ligne ;*

2.° *Pelotons demi-tour à gauche;*

3.° M*arche* !

4.° H*alte* !

5.° *A droite alignement!*

Pour plus de sûreté, le commandant en chef pourra, lorsqu'il verra sa première ligne menacée ou maltraitée, faire former la seconde en colonne d'attaque, avant d'ordonner à la première de se retirer. La première n'aura plus, ainsi qu'il est expliqué ci-dessus, qu'à se retirer, après avoir exécuté le simple mouvement de peloton demi-tour à gauche. (*Note du traducteur.*)

ARTICLE III.

Rompre; formation de colonnes.

(Chap. VIII, p. 145, Tactique de la cavalerie.)

HUITIÈME ÉVOLUTION.

Rompre, ou formation de colonne avec distance.

1.ʳᵉ MANIÈRE.

Rompre en avant (mouvement offensif pour suivre l'ennemi.)

1.° *Régiment,*
2.° *Par pelotons* ou *demi-escadrons à droite* ou *à gauche, pour marcher en avant;*
3.° *Par pelotons* ou *demi-escadrons à droite, premier peloton* ou *demi-escadron droit devant lui* ou *en avant;*
4.° MARCHE!

Le but de cette manœuvre se trouverait manqué, et l'on aurait perdu son temps, si, après la conversion achevée, on avait commandé *Halte!* avant de porter de nouveau la colonne en avant.

Les commandans d'escadron, après la demi-conversion achevée, commanderont: *En avant, marche,* et *guide à gauche!*

2.ᵉ MANIÈRE.

Rompre en arrière (mouvement défensif, en abandonnant le champ de bataille à l'ennemi.)

1.º *Régiment,*

2.º *Pour rompre par pelotons en arrière, par la droite ou par la gauche;*

3.º *Par pelotons, à droite ou à gauche, rompez en arrière; premier ou dernier peloton, demi-tour à droite ou à gauche!*

Les marches de flanc, à droite ou à gauche, semblent devoir se comprendre sans qu'il soit nécessaire d'en donner l'explication.

NEUVIÈME ÉVOLUTION.

Formation de la colonne serrée.

1.ʳᵉ MANIÈRE (planche 18).

Formation de la colonne serrée en avant (mouvement offensif pour suivre l'ennemi.)

1.º *Régiment,*

2.º *Pour former la colonne serrée, sur le 2.ᵉ escadron, la droite en tête;*

3.º *1.ᵉʳ et 2.ᵉ escadrons en avant; 3.ᵉ et 4.ᵉ escadrons par sections ⅜ à gauche!*

Le second escadron se portera en avant du front d'une section, et s'arrêtera. Le 1.ᵉʳ escadron se portera en avant du front d'un peloton, et rompra par sections à gauche ; son commandant se tiendra à la dernière section de gauche, de manière à pouvoir commander *Halte ! front !* et *A gauche, alignement !* quand son escadron sera arrivé devant le 2.ᶜ et à sa hauteur. Le 2.ᵉ escadron prendra sa distance.

Le 3.ᵉ escadron viendra se placer derrière le 2.ᵉ : son capitaine commandant, après avoir commandé, *En avant la gauche !* commandera de suite, *En avant, marche !* aussitôt que cette tête de colonne aura gagné assez d'espace pour suivre sa nouvelle direction.

Le commandant de cet escadron restera à hauteur de la gauche du 2.ᵉ escadron, en laissant filer le sien devant lui, afin de pouvoir commander, *Halte ! front ! à gauche alignement !* aussitôt que sa dernière section sera arrivée à sa botte ; après quoi, il reprendra sa distance.

Le 4.ᵉ escadron suivra, en se conformant à ce qui a été prescrit pour le 3.ᵉ

Lorsque le colonel désignera le 1.ᵉʳ escadron pour servir de base au mouvement, le 2.ᵉ escadron se conformera à ce qui vient d'être dit pour le 3.ᵉ escadron. Les 3.ᵉ et 4.ᵉ escadrons suivront le même mouvement.

L'escadron servant de base ou de direction se

portera toujours en avant du front d'une section, excepté le cas où l'on formerait la colonne serrée en avant du 4.ᵉ escadron.

Dans cette dernière supposition, le 3.ᵉ escadron se portera en avant du front d'une section, et viendra se placer par une conversion par sections à gauche devant le 4.ᵉ

Les 2.ᵉ et 1.ᵉʳ escadrons suivront le même mouvement.

La distance entre les escadrons d'une colonne serrée sera toujours du front d'une section.

Lorsqu'on voudra former la colonne serrée la gauche en tête (planche 19),

Il sera commandé :

1.° *Régiment,*

2.° *Pour former la colonne serrée, sur le 3.ᵉ escadron, la gauche en tête;*

3.° *1.ᵉʳ et 2.ᵉ escadrons par sections ⅝ à gauche, 3.ᵉ et 4.ᵉ escadrons en avant;*

4.° Marche!

Afin de gagner du temps, on pourra, en marchant en ligne et sans faire halte, former la colonne serrée sur un des escadrons des ailes.

L'escadron de direction continuera à marcher; les autres escadrons rompront par sections à droite ou à gauche, et se mettront, par une allure double, derrière l'escadron de direction, au commandement de front; après quoi ils reprendront l'allure de cet escadron.

2.ᵉ MANIÈRE (planche 20).

Formation de la colonne serrée face en arrière (mouvement défensif, en abandonnant le champ de bataille à l'ennemi).

1.° *Régiment,*

2.° *Pour former la colonne serrée sur le 1.ᵉʳ escadron, face en arrière,*

3.° *Par sections, à droite,*

4.° *MARCHE !*

1.ᵉʳ Escadron, contre-marche par l'aile droite! front et guide à gauche (en continuant à marcher).

2.ᵉ Escadron, sur la droite en bataille (toujours en marchant). Guide à gauche!

Les 3.ᵉ et 4.ᵉ escadrons exécutent les mêmes mouvemens que le 2.ᵉ

CONCLUSION.

Les manœuvres ou évolutions de ligne se composent de celles d'un régiment, auxquelles on donne un plus grand développement. Les grandes manœuvres ne peuvent donc essentiellement différer de celles d'un régiment.

En conséquence toutes les manœuvres re-
connues indispensables à un régiment, que
renferme ce peu de pages, sont, à quelques
variations près, applicables aux évolutions de
ligne.

Les différens cas où ces évolutions élémen-
taires doivent recevoir leur exécution sur le
terrain et en présence de l'ennemi, sont nécessairement subordonnés au talent des chefs.

Le choix de ces chefs est l'opération la plus
délicate du commandant de l'armée.

Le temps de paix n'est guère favorable à cette
opération, en ce que le talent et le mérite ne
sont alors que trop souvent comprimés par
l'avancement pesant et obscur de l'ancienneté.

Ce n'est qu'au moment du danger que paraît
l'homme fait pour commander ; mais la plupart
du temps il est trop tard, le moment de lui
assigner sa véritable place est passé.

Celui qui ne parvient au commandement
que par son ancienneté de service, a d'ordinaire
peu de titres à la considération.

Fréderic le Grand a dit, au sujet du préjugé
de naissance : « Quoi, des titres, de la nais-
« sance ! Il ne s'agit plus que du mérite per-
« sonnnel : » paroles qui peuvent s'appliquer au
préjugé de l'ancienneté.

Les qualités que doit posséder un chef sont, du reste, depuis si long-temps connues, qu'on peut avec raison s'étonner que ceux à qui le sort a remis entre les mains l'obligation de ce choix se trompent aussi souvent.

L'empereur Léon exigeait d'un chef qu'il fût frugal, modéré, laborieux, entreprenant, en y joignant la sagesse et la prévoyance ; qu'il ne fût ni trop jeune ni trop vieux ; qu'il ne fût point avare et ne s'occupât point de détails minutieux ; qu'il possédât une ame noble et avide de grandeur, exempte de préjugés ; qu'il fût d'un physique robuste ; qu'il sût improviser un discours, et qu'il fût exempt de toute passion, hors celle de la gloire. Ces qualités seraient-elles donc si difficiles à reconnaître ?

Le talent est positif : la morale est relative ; car ce qui paraît moralement bon aux uns, est condamnable aux yeux de bien d'autres. L'espace indéfini qui sépare les deux extrêmes, le bien et le mal, n'est autre chose que le vaste champ de la morale, sur lequel les passions agitent les hommes : les passions d'où naissent nos actions, sont aussi la source de nos jugemens. De là provient la rareté des jugemens impartiaux.

« Ce qu'il y a de plus louable dans le cœur

« humain, est ce que souvent on lui pardonne
« le moins. »

En déposant la plume, il reste encore à l'auteur le doute de savoir s'il a été compris.[1]

Cependant un sentiment intime lui dit qu'il
sera entendu par les hommes dont l'ame héroïque recherche et sait apprécier la vérité : c'est
ceux-ci dont l'auteur ambitionne le suffrage ;
c'est à eux qu'il lègue son travail, en confiant
à leur défense et à leur jugement impartial sa
Tactique de la cavalerie et ces Élémens de manœuvres.

---

1 Certain général est convenu tout naïvement, que
la Tactique de la cavalerie était d'une lecture agréable,
qu'elle renfermait des anecdotes plaisantes ; mais que
le titre de cet ouvrage était faux, en ce qu'il ne traite
aucunement de la tactique, et qu'il est impossible d'en
tirer aucune instruction ! (Note de l'auteur.)

Planche I.

Châlons
G.

Marne R.

Bar le Duc

Verdun

Meuse

Moselle

Meurthe

Metz.

Thionville

Luxembourg

Sarre-Louis

Trèves

Sarre F.

Mosel R.

Druzenheim
a
E.
Weissembourg

Andernach

d. Coblentz

Fort Louis

Landau

Rhin F.

Rhin F.

Ravensteich.

b.
Spire

c.
Mayence

Cassel

Philipsbourg

Mannheim

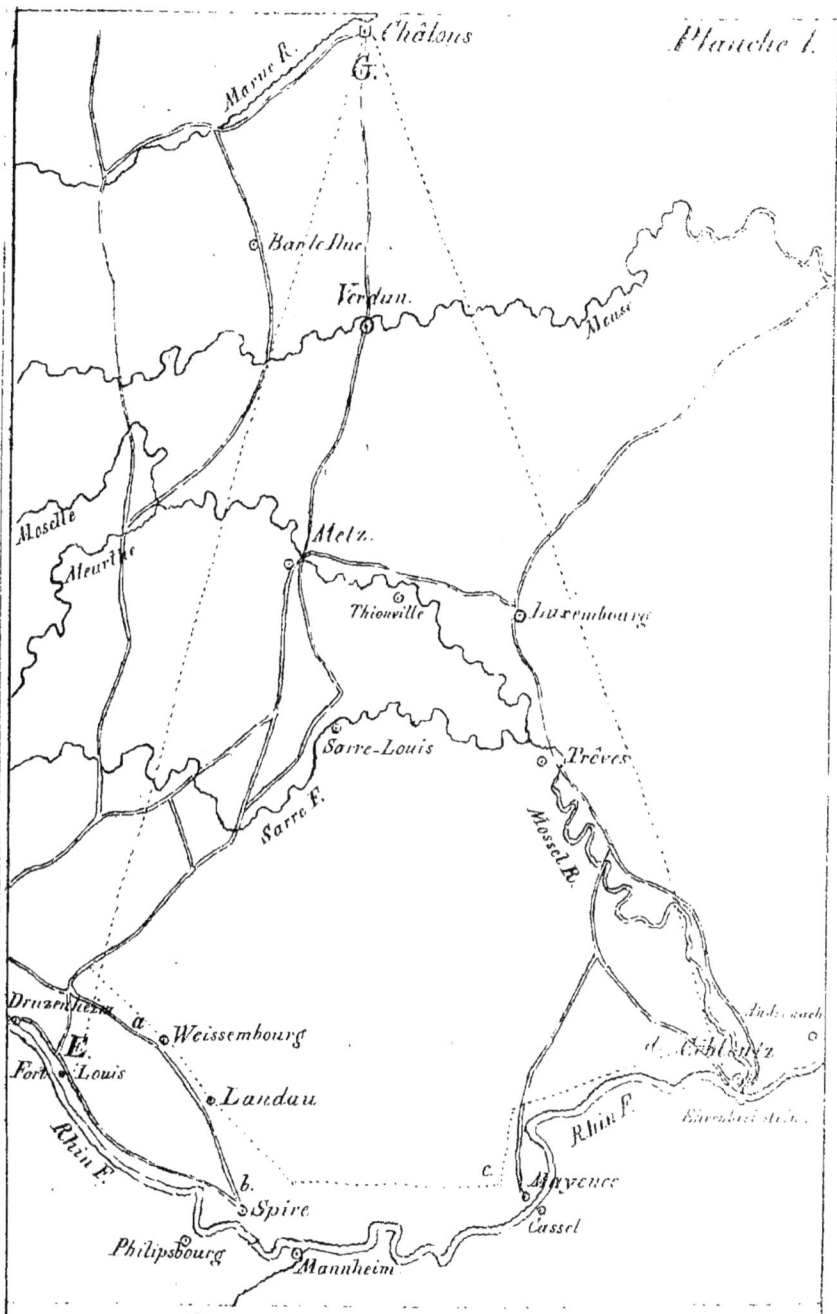

Echelle de 25 lieues au degré.

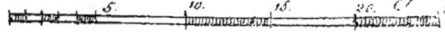

5.   10.   15.   20.

Dessiné par le Traducteur.

Figure 1.

Eclaireurs.

1.   2.   3.   4.

Fig. 2.

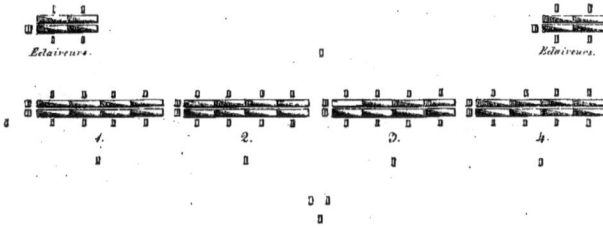

Eclaireurs.   Eclaireurs.

1.   2.   3.   4.

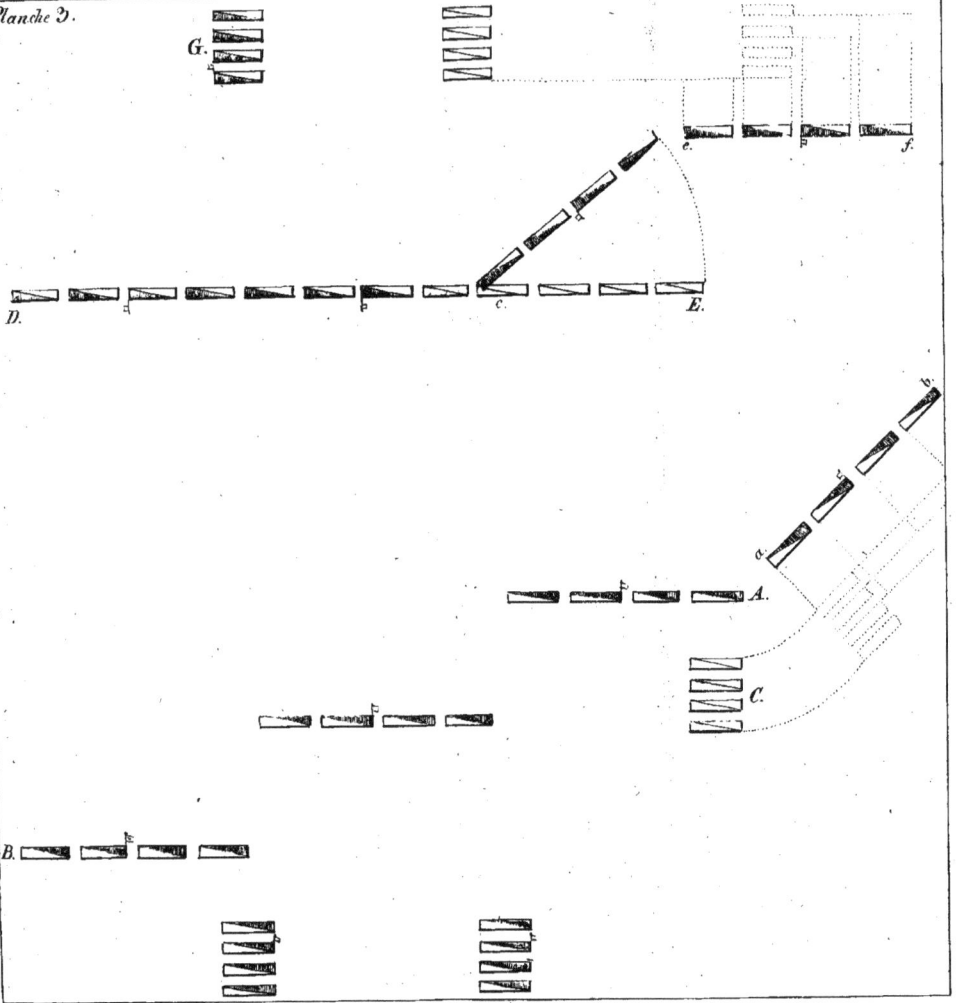

Planche 3.

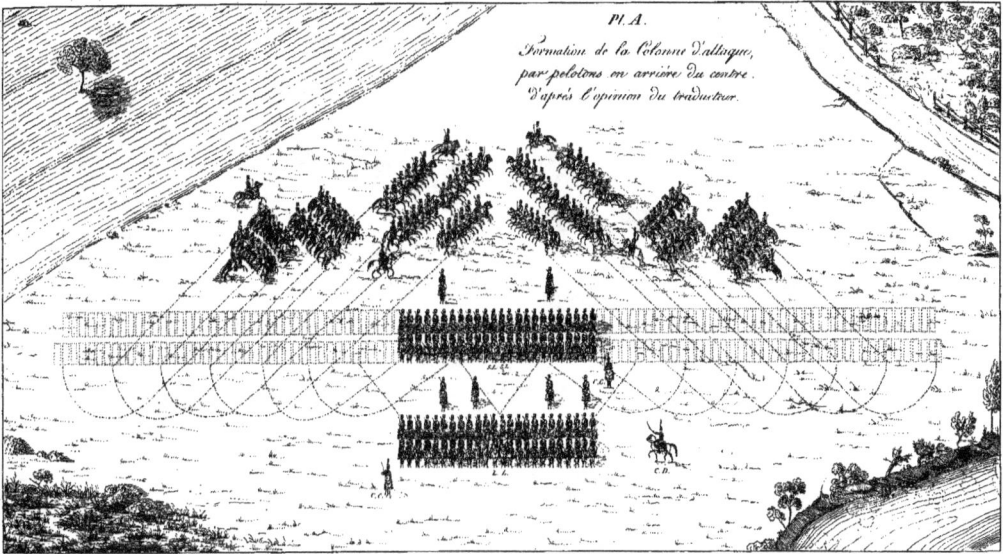

Pl. A.

Formation de la Colonne d'attaque,
par pelotons en arrière du centre.
D'après l'opinion du traducteur.

Manière de trouver une ligne de Direction et de la tracer.

Fig. 1.

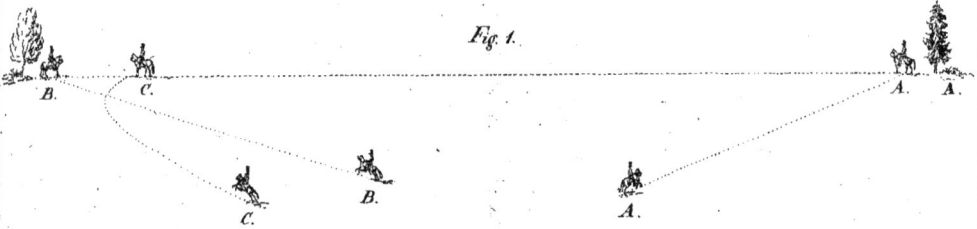

Fig. 2.

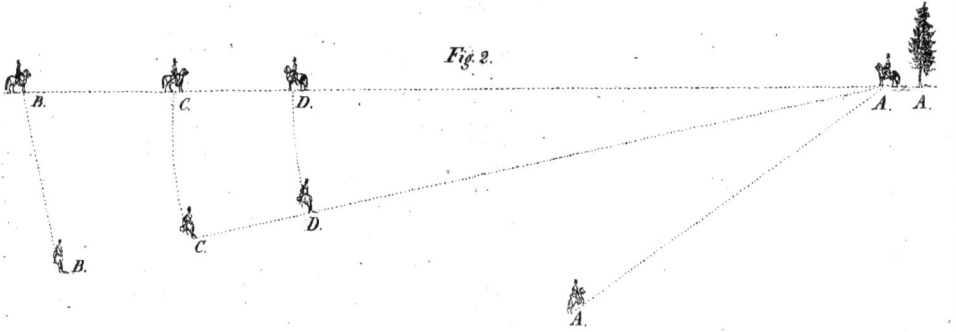

Formation en avant et face en arrière en bataille sur le 1.er peloton du 2.e Escadron.

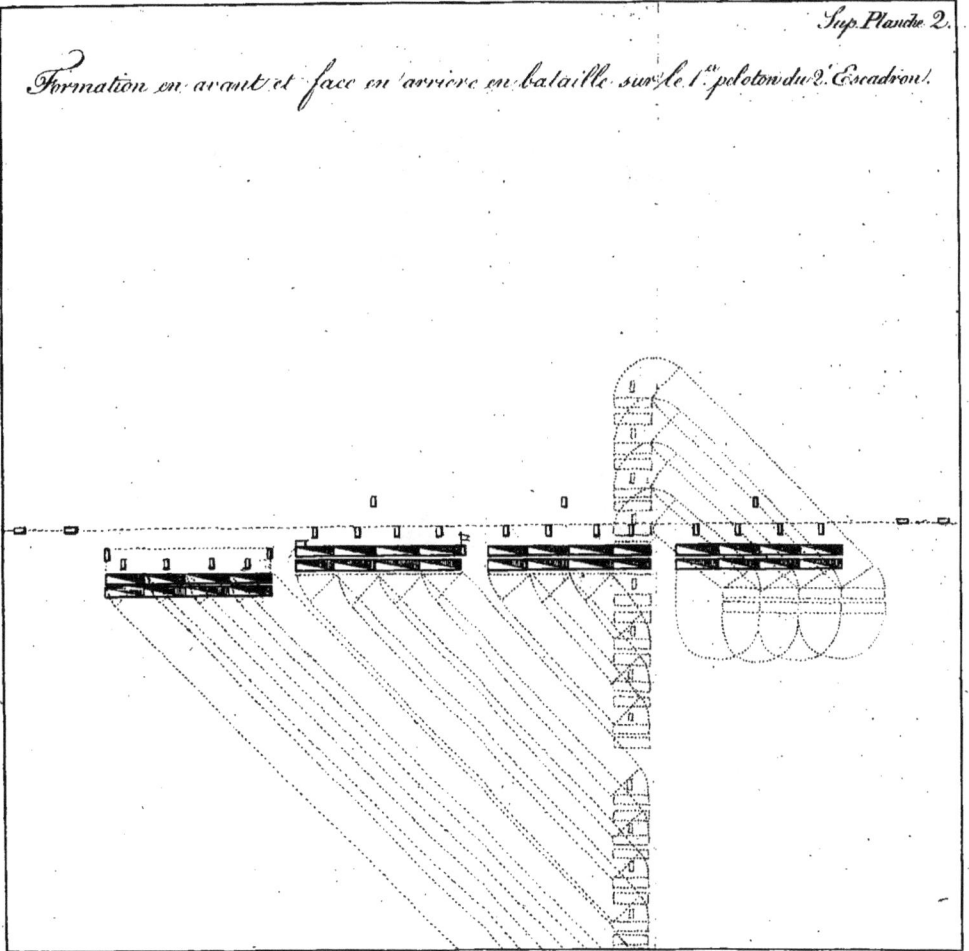

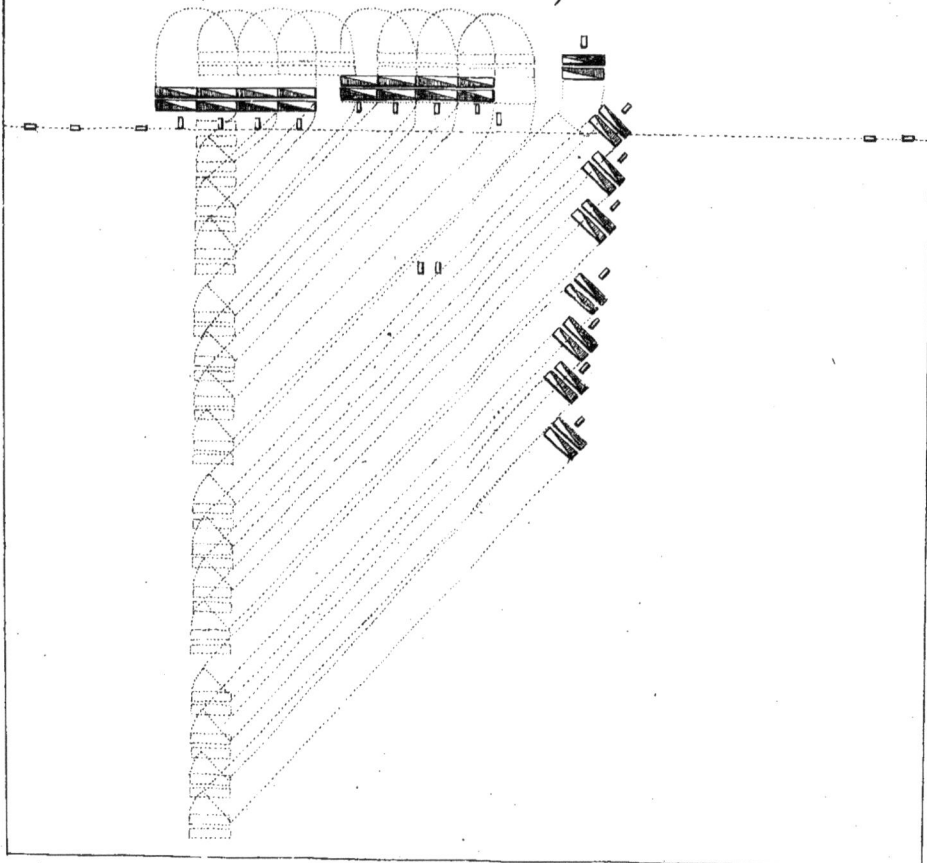

Formation face en arrière en bataille sur le 1.er peloton du 1.er Escadron.

Déployement de la Colonne serré en avant.

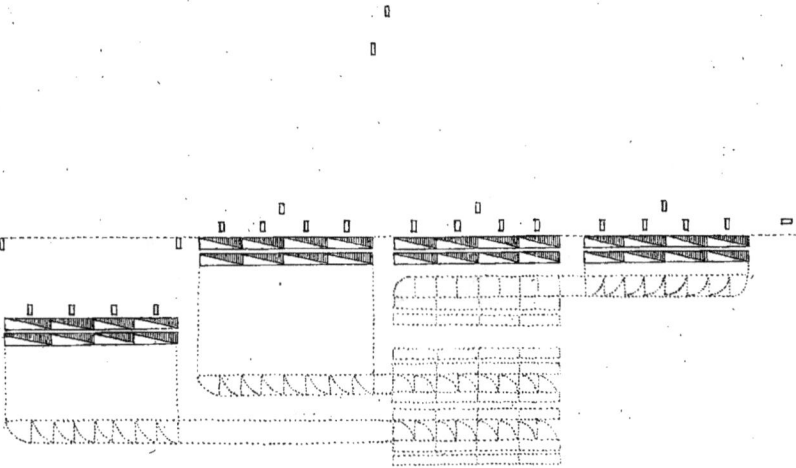

Déployement de la Colonne serrée face en arrière.

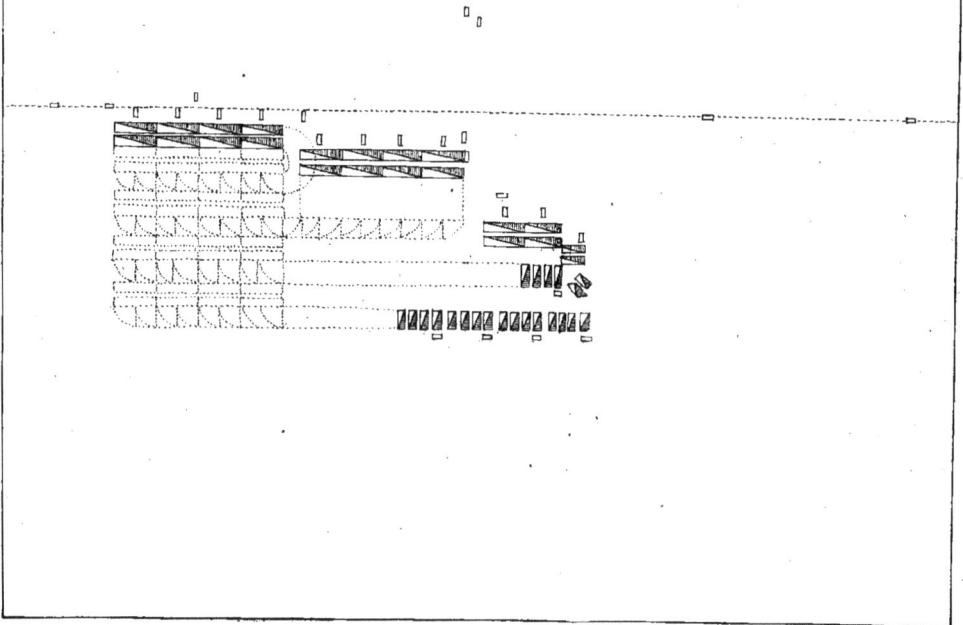

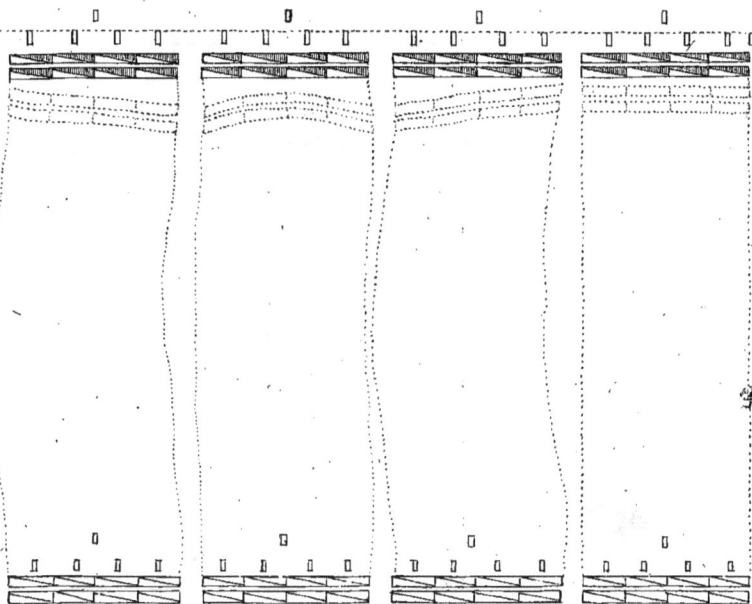

Marche en Ligne.

Marche en Echelons.

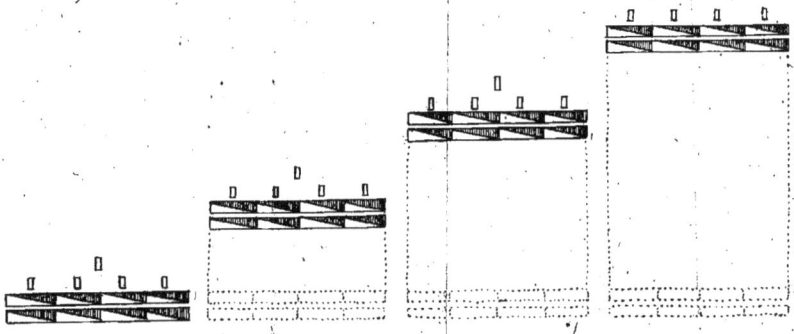

Retraite en Echiquier.

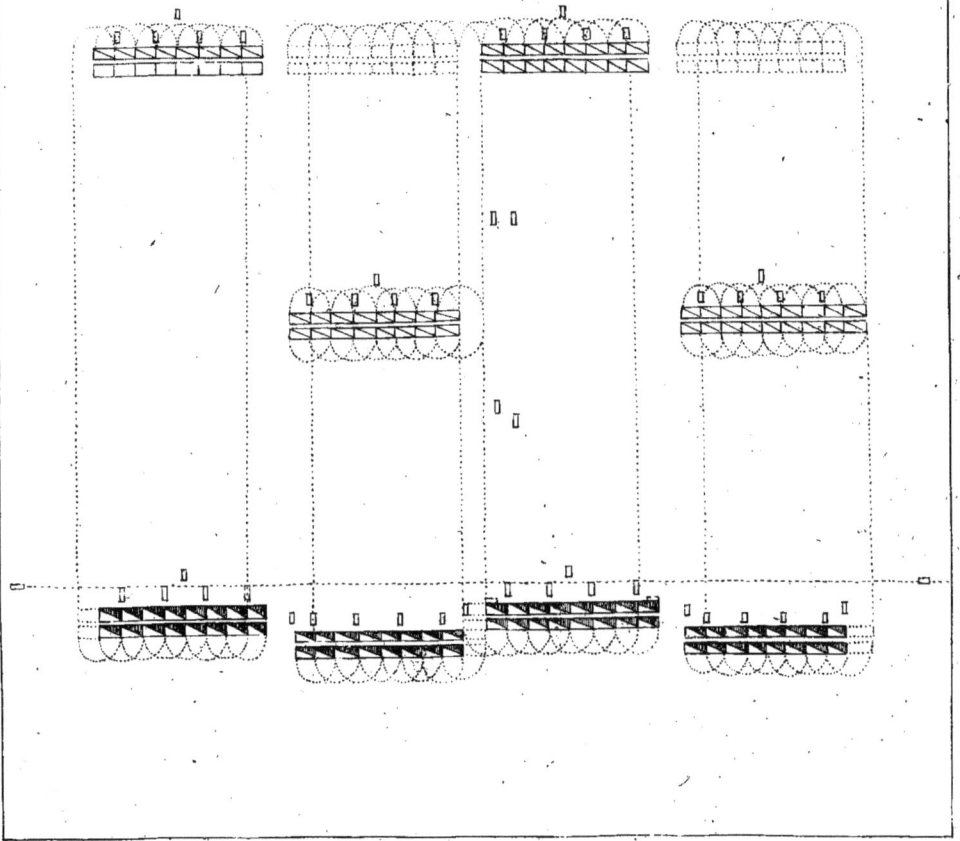

Changement de Front en avant, Perpendiculaire à droite.

Changement de front en avant d'un huitième à droite

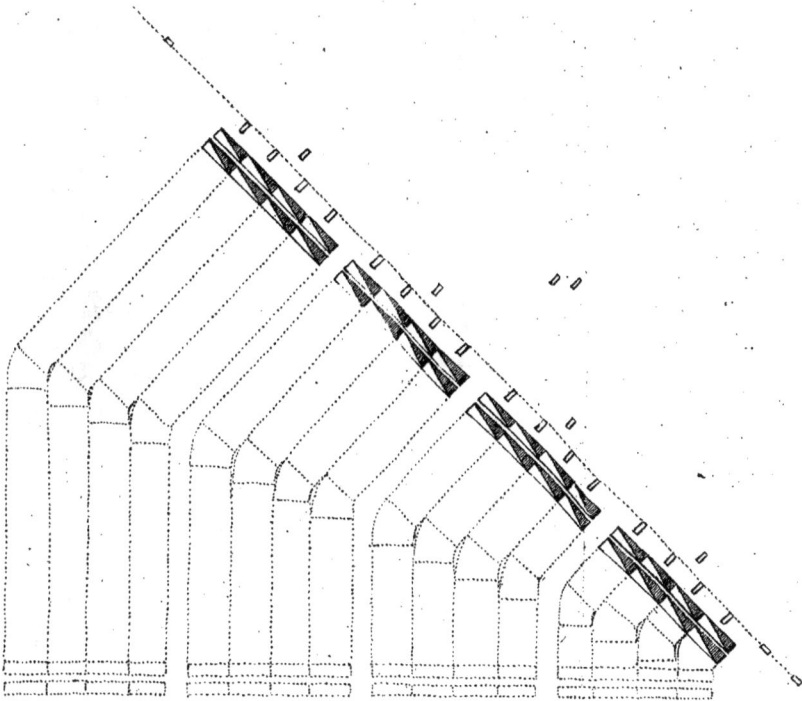

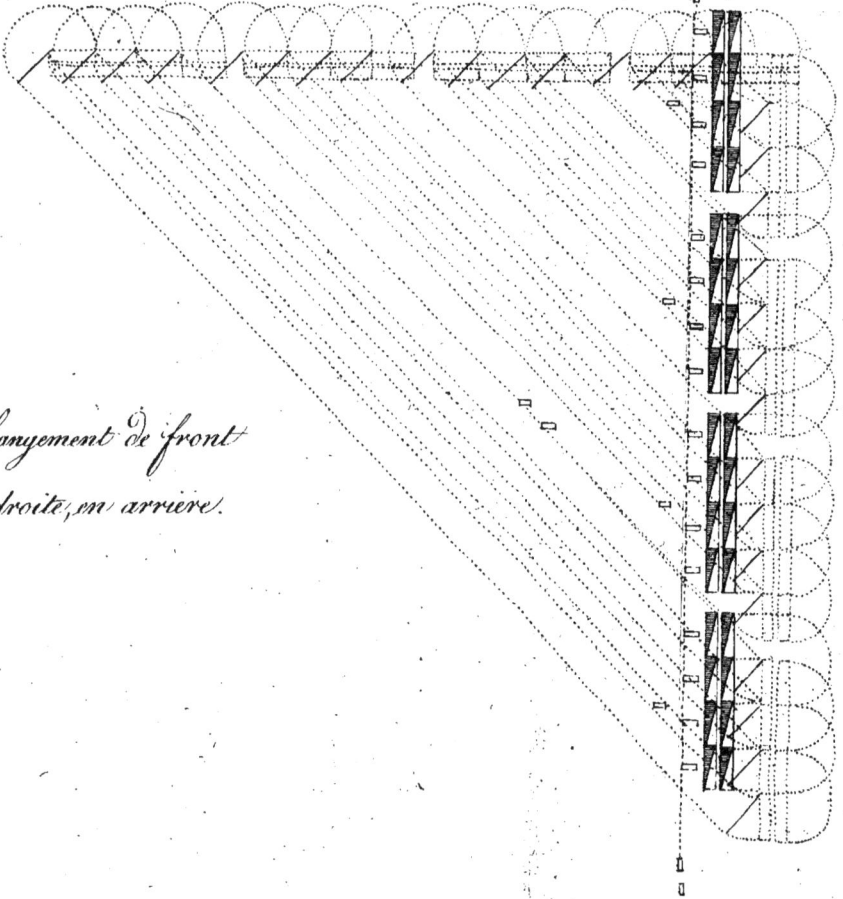

Changement de front

à droite, en arrière.

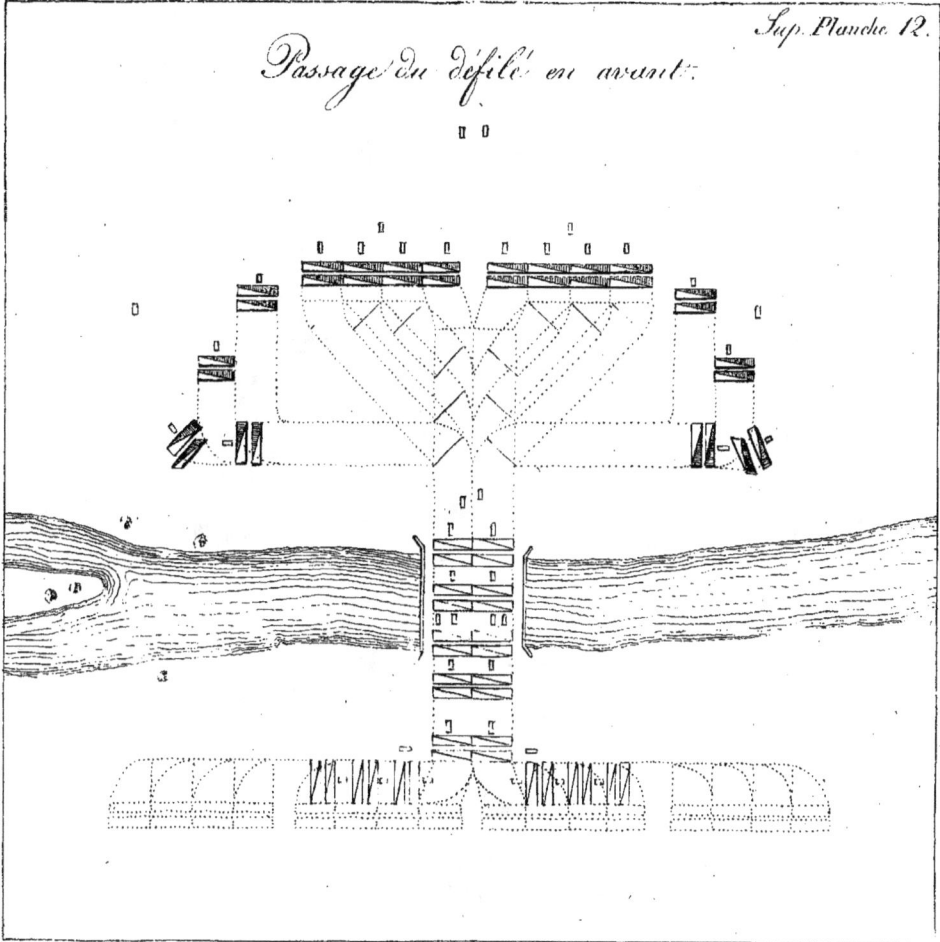

Passage du défilé en avant.

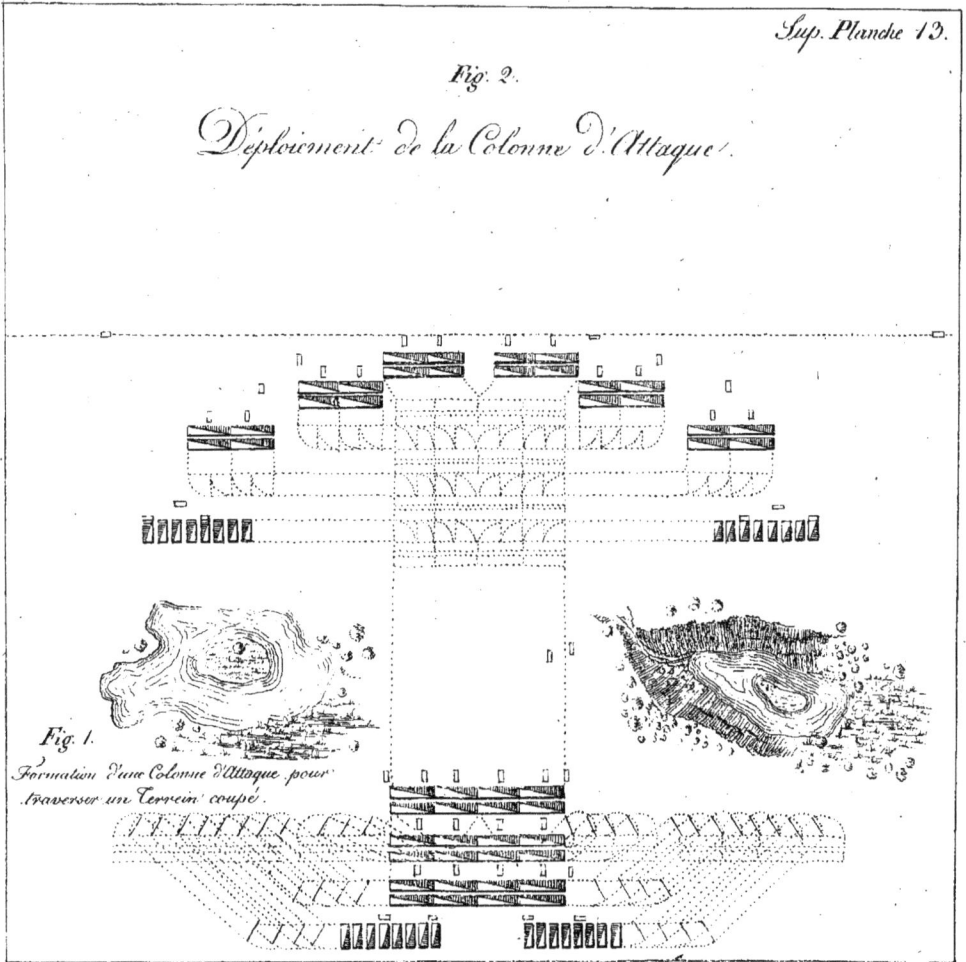

Sup. Planche 13.

Fig. 2.

Déploiement de la Colonne d'Attaque.

Fig. 1.

*Formation d'une Colonne d'Attaque pour
traverser un Terrein coupé.*

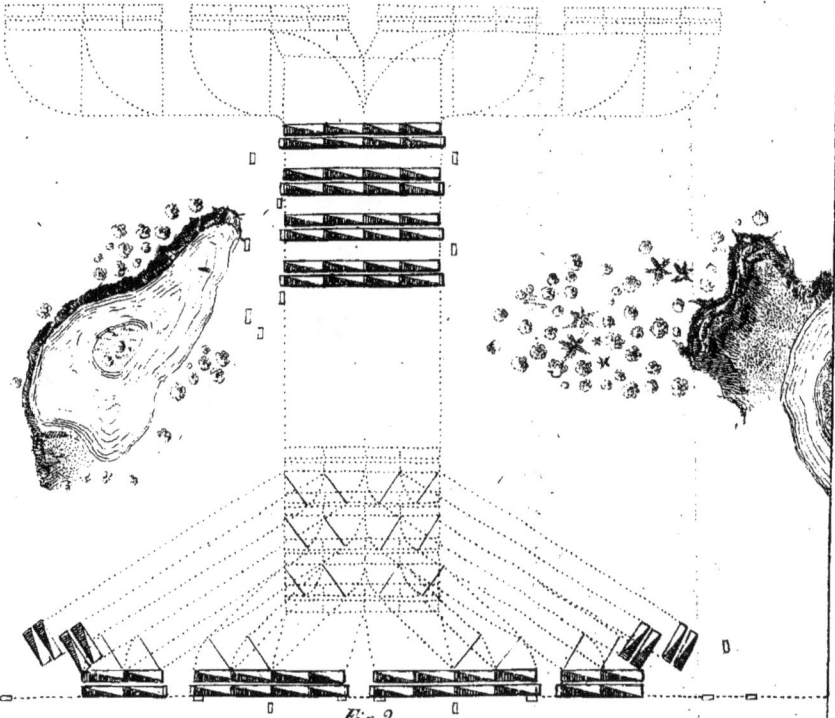

Fig. 1.   *Sup. Planche 13 (bis)*

Formation de la Colonne d'Attaque, le centre en tête, selon l'opinion du Traducteur.

Fig. 2.

Déploiement de la Colonne d'Attaque, selon l'opinion du Traducteur.

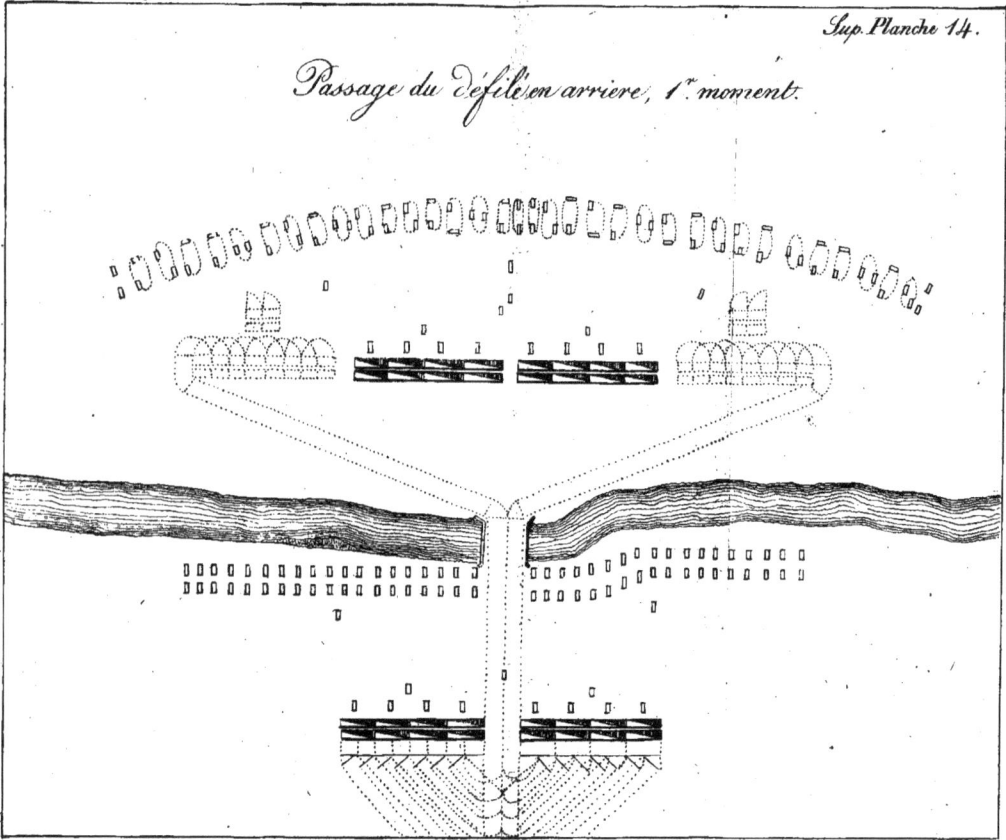

Passage du défilé en arrière, 1.ᵉʳ moment.

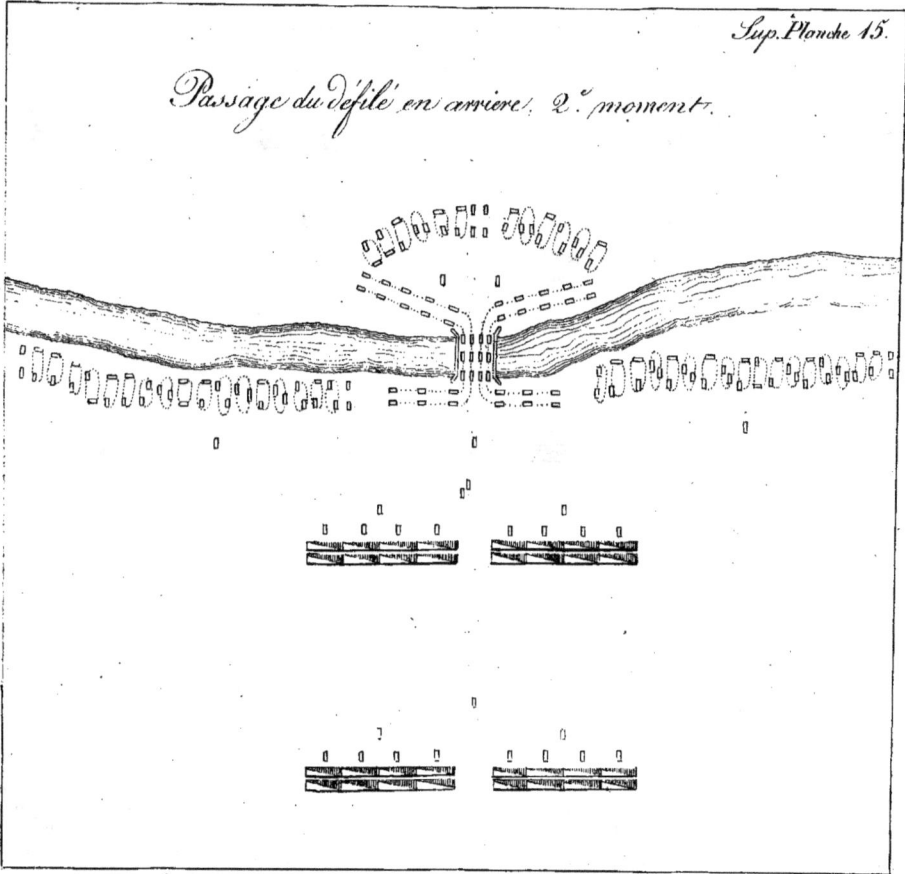

Passage du défilé en arrière, 2.e moment.

Mouvement de 4 Regiments formés sur deux Lignes. Marche de la seconde Ligne en avant autour des ailes de la première.

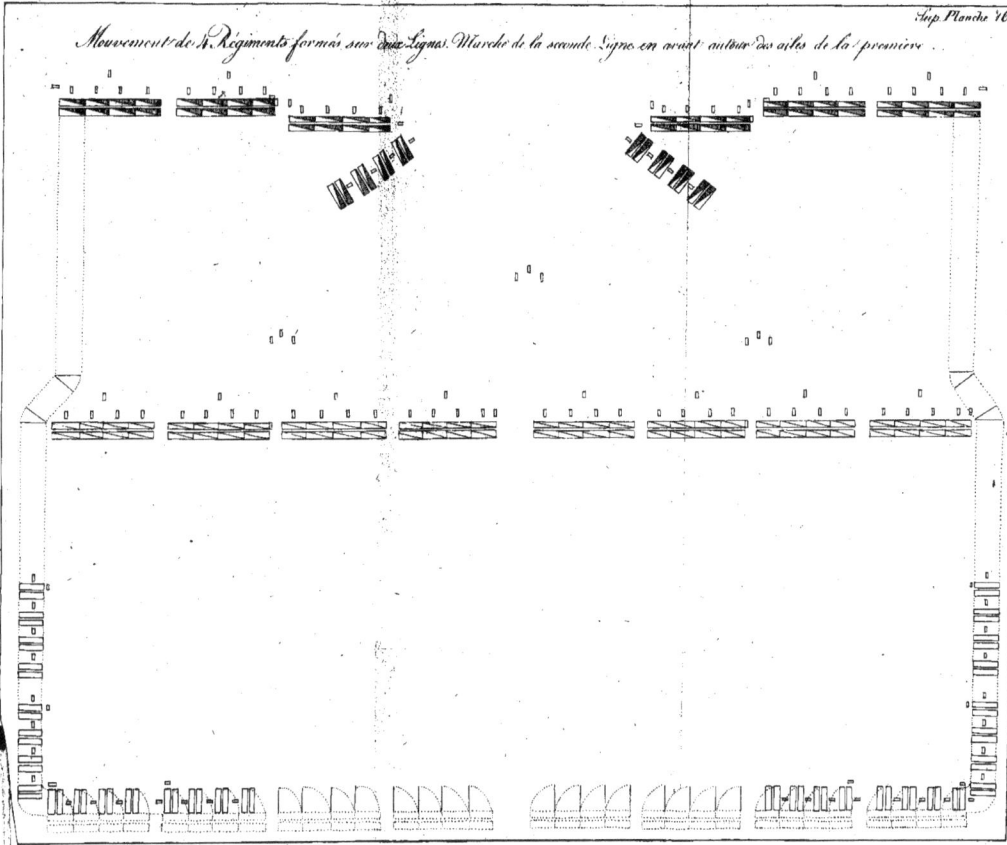

Passage de la seconde Lignem avant, à travers la première, d'après l'opinion du Traducteur.

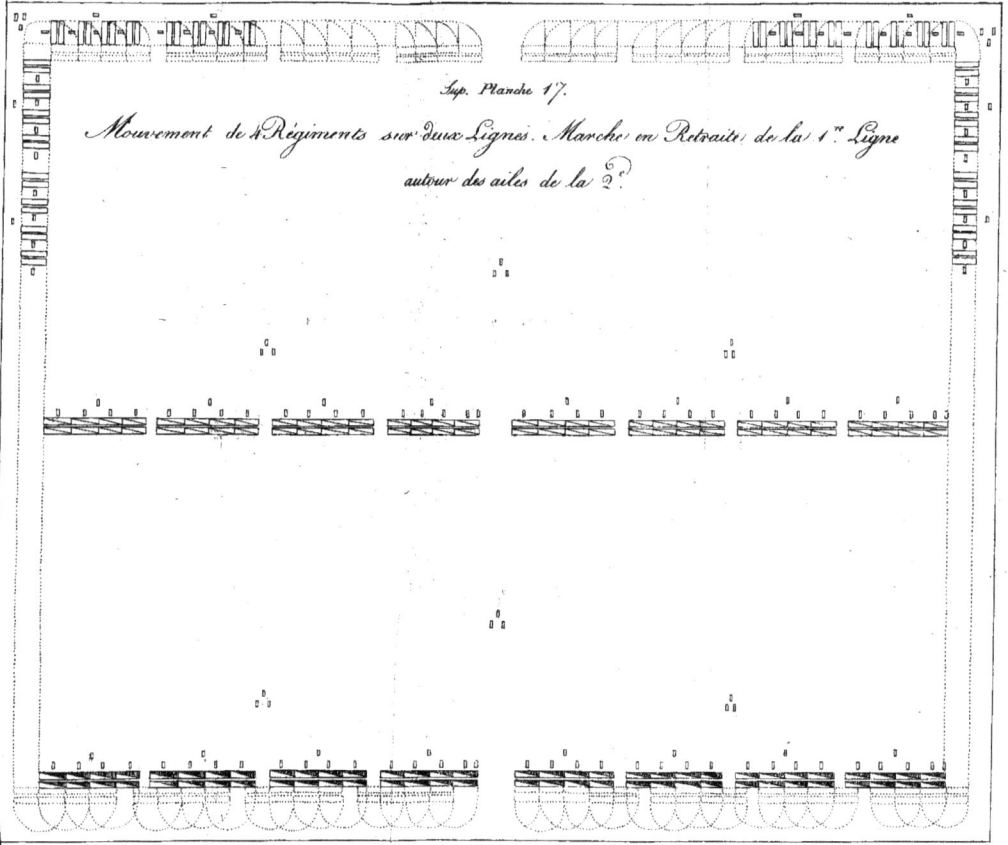

Sup. Planche 17.

Mouvement de 4 Régiments sur deux Lignes. Marche en Retraite de la 1re Ligne autour des ailes de la 2e.

Passage en Retraite, de la seconde Ligne à travers la première, d'après l'opinion du Traducteur.

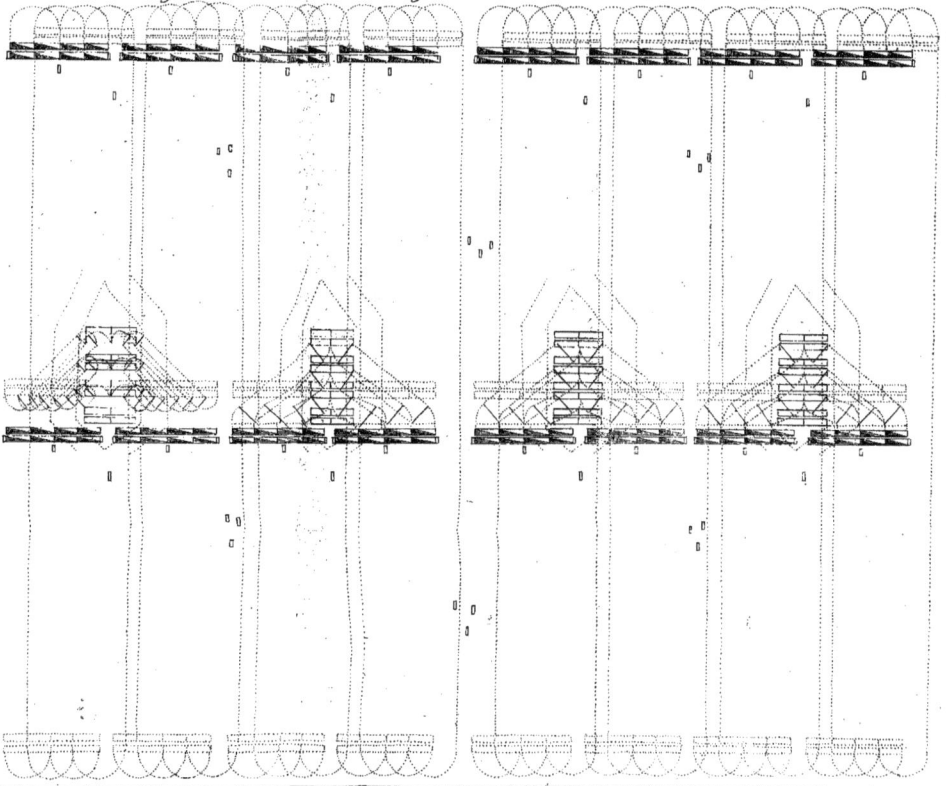

Formation de la Colonne serrée sur le 2ᵉ Escadron, la droite en Tête.

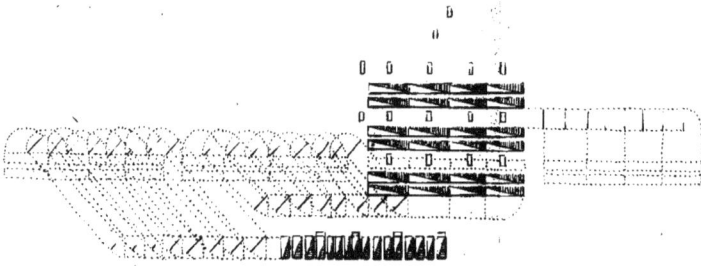

Formation de la Colonne serrée la gauche en tête.

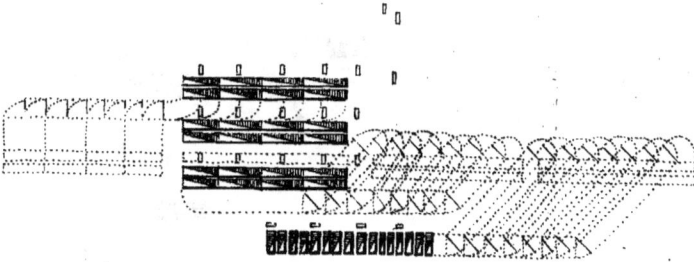

Formation de la Colonne serrée face en arriere.

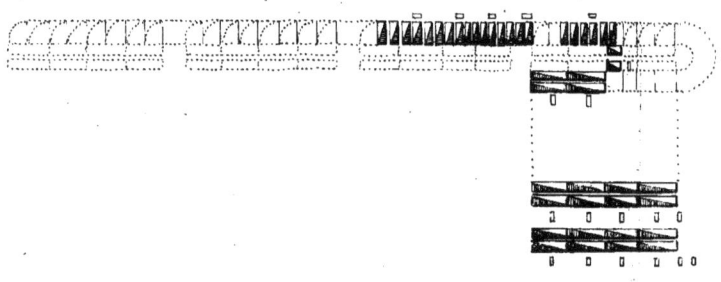

www.ingramcontent.com/pod-product-compliance
Lightning Source LLC
Chambersburg PA
CBHW071628270326
41928CB00010B/1825